Les fondateurs de Saint-Hilaire

Les fondateurs de Saint-Hilaire

ARMAND CARDINAL

ÉDITIONS
MILLE ROCHES

Prix, en 1982, au concours Percy-Foy
pour la vallée du Richelieu

*L'éditeur remercie de son encouragement
le Conseil des arts du Canada*

Conception graphique et montage: Nicole Houle Design enr.

Photographie de la page couverture: Christian Hébert

Classification Dewey
971.453
C267f

Dépôt légal
Bibliothèque nationale du Québec
Quatrième trimestre 1983
ISBN 2-89087-016-2

*La France militaire
avait été vaincue,
la France politique
consentait à la
défaite, mais
la France religieuse
durait, son vouloir-
vivre la faisait vivre.*

G. Goyau

TABLE DES MATIÈRES

Origine des paroisses - le curé - l'habitant

La seigneurie de Rouville divisée en deux paroisses

Le territoire de Rouville. Une paroisse à Beloeil: Saint-Matthieu. Premières démarches pour une église dans Rouville. Fondation de Saint-Jean-Baptiste. L'église est construite: 1807-1810.

Fondation de la paroisse Saint-Hilaire

Première requête. Une première maison du culte. Desservants. Registres. Marguilliers. La vie paroissiale se matérialise. Qu'advient-il des paroissiens des Étangs? Le seigneur René Hertel de Rouville. Un chemin qui fait la différence. Le chemin de la montagne. La dîme et le tiers de l'évêque.

La construction de l'église

Il faut un terrain plus grand. Requête pour la construction de l'église. Les travaux de construction. Ceux des Étangs. Les marchés. Les collectes de fonds. Les tribulations. La répartition. Inauguration de l'église.

Messire Jacques Odelin, premier curé

Jacques Odelin, prêtre. Les dix années du curé Odelin (1831-1841). La maison curiale. L'église est ouverte au culte. Le cimetière. Mort du curé Odelin.

AVANT-PROPOS

Rien n'a encore été écrit sur l'histoire de la paroisse Saint-Hilaire depuis les deux siècles de son existence. Je m'explique mal cette lacune car des événements fort divers alimentent généreusement ses archives et la tradition orale aurait dû piquer la curiosité des historiens. Personnellement, j'ai pris un grand plaisir à rassembler les éléments de cette aventure dans le temps; j'en ai déjà livré une tranche dans mon premier livre intitulé **Les Seigneurs de Rouville** [1]

Les riches sources de documentation, manuscrites ou autres, des archives paroissiales et diocésaines nous ont souvent portés à surévaluer, dans nos monographies paroissiales, le rôle joué par les clercs et à négliger l'apport des simples citoyens. Contrairement à la plupart des auteurs de monographies traditionnelles qui ont présenté le seigneur et le curé comme étant les personnages principaux, je considère le censitaire ou l'habitant comme étant le réel fondateur de la paroisse et celui qui en tisse l'histoire.

Les principales sources que j'ai consultées sont les archives seigneuriales de Rouville, déposées à l'hôtel de ville de Mont-Saint-Hilaire [2], les archives de la fabrique de Saint-Hilaire et celles de l'évêché de Saint-Hyacinthe. J'ai eu également à ma disposition les notes manuscrites de l'abbé Isidore Desnoyers [3] qui eut le souci plus que louable de colliger d'abondants et précieux renseignements sur une cinquantaine de paroisses du diocèse de Saint-Hyacinthe. Je veux rendre hommage à ce chroniqueur peu connu qui a passé une partie de sa vie à consigner les faits et gestes de son milieu, facilitant ainsi la tâche de nombreux historiens d'aujourd'hui.

De plus, monsieur Ozias Leduc [4] m'a cédé toutes ses notes personnelles sur l'histoire de Saint-Hilaire. Ozias Leduc

11

caressait secrètement le rêve d'écrire un jour l'histoire de sa paroisse et il avait accumulé patiemment les fruits de ses recherches et de ses découvertes. Amateur de l'histoire régionale, il fut, en 1937, l'un des membres fondateurs de la Société d'histoire régionale de Saint-Hyacinthe. Son amour pour l'histoire locale a joué un rôle déterminant dans mon désir d'écrire l'histoire de la paroisse Saint-Hilaire.

1. CARDINAL, Armand, *Histoire de Saint-Hilaire, "Les seigneurs de Rouville",* Éditions du Jour, Montréal, 1980.
2. Après le départ de la famille Campbell du manoir seigneurial, les archives furent laissées sans surveillance, à la merci de visiteurs sans scrupules. Une partie fut donnée au hasard et le reste brûlé par ignorance.
3. DESNOYERS, Isidore, prêtre attaché à l'évêché de Saint-Hyacinthe. Il est né en 1819 et décédé en 1891.
4. Ozias LEDUC, peintre né à Saint-Hilaire, d'Antoine Leduc et d'Émilie Brouillette. Il était l'aîné d'une famille de neuf enfants. Il est décédé en 1955, à l'âge de 91 ans.

INTRODUCTION

Origine des paroisses

Depuis les débuts de la civilisation chrétienne occidentale, la paroisse semble avoir été le plus ancien cadre social doté d'une structure organisée. Elle existait sur le sol de France avant les rois. Son apparition se perd dans la nuit des origines gallo-romaines. Bien que perfectible, elle fut longtemps la seule organisation à posséder une structure solide, avec son conseil de fabrique et ses comités de syndics. Au XVIe siècle, le concile de Trente enjoignit aux évêques d'établir des paroisses dans les localités où elles n'existaient pas encore et d'assigner à chacune son curé.

En Nouvelle-France, on a vite compris que le système seigneurial ne pourrait survivre sans un noyau paroissial: la paroisse fut inscrite dans le contexte religieux de l'établissement des Français. L'intendant Talon considérait la paroisse comme la base la plus féconde du progrès de la colonie naissante. La première paroisse, Notre-Dame-de-Québec, a été érigée canoniquement en 1664, mais elle existait depuis longtemps comme mission puisque Robert Giffard en était marguillier en 1645 [1]. C'est à cette époque que l'on songe à l'érection d'un évêché. Mgr François de Montmorency Laval est nommé vicaire apostolique en 1658. Peu après son arrivée à Québec, il met en place les structures paroissiales, et il fonde le Séminaire de Québec pour la formation et la réunion de ses prêtres.

La paroisse occupe une place plus importante que la seigneurie dans les préoccupations des censitaires. Plus que le manoir seigneurial, l'église est le centre de la vie sociale. On ne réclame pas un seigneur comme on le fait pour un curé. Ce dernier est plus indispensable et plus disponible que le seigneur. C'est la paroisse et non la seigneurie qui sert de base, certes à l'administration religieuse, mais aussi à l'administration civile et même militaire. Le clocher s'élève plus haut que le manoir. C'est l'église et non le manoir qui devient le centre névralgique de la vie sociale quotidienne parce qu'elle est la propriété des habitants. Le cadre social paroissial sert la religion et l'État: les autorités lui accordent une reconnaissance civile, lui donnant autorité sur le profane; et le curé est, à certains titres, un fonctionnaire. En 1855, les municipalités créées au Bas-Canada sont inscrites dans les limites des paroisses existantes.

De toutes les influences qui ont contribué à modeler l'âme canadienne, au début de la colonie, aucune n'a été aussi profonde que celle de la paroisse. C'est autour de la pratique religieuse que se définit le statut social de chacun. Le curé est habituellement un homme de confiance. Il joue un rôle important à cause de sa qualité d'homme instruit, les archives en font foi abondamment. En l'absence d'institution politique, la paroisse, par son curé, maintient une morale saine et enviable à une époque difficile.

Le terme *fabrique*, employé aussi en France, sert à désigner le conseil des marguilliers chargés de la gestion paroissiale (ou de la mission) ainsi que des biens matériels de l'Église. La fonction de ce conseil, formé de trois marguilliers et du curé, est de veiller à la construction de l'église et autres bâtiments curiaux [2]. À tour de rôle les citoyens sont élus marguilliers selon leur ancienneté ou leur degré d'instruction, peut-être aussi selon leur statut social. Le curé assume généralement la présidence de ce conseil et cumule les charges de secrétaire et de trésorier. Le petit nombre de fidèles lettrés, à une certaine époque, n'offre pas de choix faciles pour remplir ces postes.

Tout le système de colonisation française au Canada repose donc sur deux hommes: le seigneur et le curé. La situation à Rouville ne fait pas exception. Les deux seuls monuments classés historiques à Saint-Hilaire sont précisément l'église et le manoir seigneurial.

Francis Parkman [3], cet historien américain du XIXe siècle qui a beaucoup écrit à l'intention des milieux anglophones sur l'histoire de la Nouvelle-France, rend un beau témoignage sur le rôle du curé dans la colonisation du pays au lendemain de la conquête anglaise:

> La conquête brisa d'un coup tout le rouage de l'administration civile tout en laissant intacte l'essence même de son organisation: la paroisse. Gouverneur, intendant, conseillers, commerçants étant partis, les

principaux seigneurs s'enfuirent alors à leur tour de la colonie. Le peuple, qui n'avait jamais appris à gouverner, se vit abandonné à ses propres conseils. La confusion, sinon l'anarchie, s'en serait suivie sans les curés des paroisses.

Le curé

Puisque la paroisse est mon propos, je décrirai le rôle des curés dans cette chronique des événements. En autant que les documents le permettront, je ferai ressortir le rôle que les habitants ont joué et qui fut déterminant dans l'évolution de ce noyau social de Saint-Hilaire.

Le curé est un personnage important. C'est sur lui que reposera la construction de l'église. Le manque d'instruction généralisé de la population fait qu'elle comptera sur lui pour la mise en place des événements administratifs. Le curé doit lui-même, parallèlement à son ministère sacerdotal proprement dit, survivre en remplissant souvent diverses tâches extracuriales. Il doit tenir les registres d'état civil et diriger l'administration tout en laissant croire à son rôle de témoin. Il doit voir à sa propre subsistance, exploiter son jardin, veiller à ses ruches et pourvoir à ses animaux. Il doit souvent concurrencer ses ouailles sur les marchés régionaux, pour écouler le produit de sa dîme et même, quelquefois, on le verra se loger à ses frais...

Le curé doit obéissance à son évêque qui lui désigne sa cure. Son séjour est souvent abrégé pour des raisons de santé. Un transfert corrige parfois les inconvénients d'une cure difficile ou d'une santé chancelante. Parmi les premiers pasteurs, plusieurs sont vieillis, accablés de fatigue. D'autres sont déjà épuisés de travail dans la force de l'âge, mais, plus on avance dans le siècle, plus ils durent à la tâche. La fonction pastorale est remplie de difficultés et d'embûches. À Saint-Hilaire, la répartition anarchique de la population, à cause de l'accident géographique de la montagne, multiplie les complications. Les paroissiens éloignés sont facilement indifférents. Le curé n'aura l'assistance d'un vicaire qu'à partir de 1890.

L'habitant

L'habitant, contrairement au curé, a choisi son territoire et lui accorde généralement priorité de possédant sur ses obligations religieuses. La prospérité n'est pas son lot, mais il est un propriétaire jaloux et deviendra intraitable face aux obligations matérielles inévitables: répartition, dîme. Sa piété est souvent fonction de sa distance de l'église; plus il est loin, plus il est réticent. À Saint-Hilaire, il y aura deux villages, l'un à la montagne et l'autre au bord de l'eau; le tissu social sera le produit de deux milieux géographiques différents et la paroisse ne pourra pas les desservir équitablement. Ce phénomène, à lui seul, pourrait faire l'objet d'une recherche fort intéressante.

1. PRÉVOST, Honorius, *Giffard de Moncel, Robert*, D.B.C. Québec, Presses de l'Université Laval, vol. 1, p. 339.
2. MOREUX, Colette, *Fin d'une religion*, Les Presses de l'Université de Montréal, 1969.
3. PARKMAN, Francis, Auteur d'une oeuvre de 16 volumes sur l'histoire du Canada, Frontenac Éd. Boston, Little, Brown & Co., 1907.

PREMIER

La seigneurie de Rouville,
divisée en deux paroisses.

Situons d'abord la seigneurie de Rouville, séparée de la seigneurie de Beloeil par la rivière Richelieu. Ces deux seigneuries se sont développées parallèlement et l'on ne peut écrire l'histoire de l'une sans évoquer celle de l'autre. On ne peut non plus raconter l'histoire de la paroisse Saint-Hilaire de Rouville sans l'introduire par celle de Saint-Matthieu de Beloeil. Et l'histoire de la paroisse Saint-Hilaire est mariée à celle de la paroisse Saint-Jean-Baptiste, toutes deux nées de la seigneurie de Rouville. Effet de la géographie? Effet de la population? de l'une et de l'autre?

Le territoire de Rouville était bordé à l'ouest par la rivière Richelieu, en face de Beloeil. Vue du Pain de Sucre. Photo Edgar Gariépy, 1908.

Le territoire de Rouville

Rouville est baigné par la rivière Richelieu qui prend sa source dans le lac Champlain, chez nos voisins de la confédération américaine, coule du sud au nord pour se jeter dans le Saint-Laurent après un parcours de 140 kilomètres et une dénivellation d'une trentaine de mètres. Saint-Hilaire, au coeur de la seigneurie de Rouville, marque le milieu de ce parcours, entre le haut et le bas Richelieu, et fait face, du côté ouest, à Beloeil dont les origines et la destinée lui sont apparentées.

La nature a paré le territoire de Rouville d'un attribut incomparable: la montagne qui hantera son histoire par son omniprésence et, en particulier, par son influence sur les destinées de la paroisse Saint-Hilaire qui l'étreint jalousement de tous côtés.

Cette région du Richelieu a été témoin, au cours des ans, de nombreux conflits et des soubresauts des années 1837-1838 qui jalonnent son histoire politique.

Après la concession de Rouville à Jean-Baptiste Hertel, en 1694, les seigneurs mirent un siècle à s'intéresser sérieusement aux affaires de leur seigneurie. Aucun des seigneurs qui s'y sont succédé n'y avait encore résidé avant Jean-Baptiste René Hertel, le cinquième de la lignée. À partir de 1789, il habita, à Chambly, le bourg Saint-Jean-Baptiste, près du fort où le retenaient ses fonctions de commandant de la division militaire de Chambly. Avant cette date, il habitait rue Saint-Paul, à Montréal.

Jean-Baptiste Hertel, premier seigneur de Rouville (1694-1722). Coll. Musée McCord.

Les territoires respectifs de Beloeil et de Rouville ont été occupés par quelques pionniers à qui on avait concédé des terres dès le début du XVIIIe siècle, mais le défrichement avait été limité à des éclaircies éparses le long de la rivière durant la première partie de ce siècle. La chronique des événements qui ont marqué cette aventure dans le temps inclut la fondation de la paroisse Saint-Matthieu de Beloeil, en 1768. Le site de son église a sûrement influencé le choix de l'emplacement de celle de Saint-Hilaire qui exigea la rétrocession d'un terrain. (Voir les titres de ce terrain à l'annexe A.)

C'est l'affirmation de deux groupes de censitaires qui a donné son orientation au territoire de Rouville et a amené l'établissement de deux paroisses qui, par leurs structures sociales, religieuses et politiques, allaient fournir aux habitants le cadre nécessaire à leur développement.

Entre-temps, pour leurs besoins spirituels, les habitants de Rouville dépendent de la Pointe Olivier (Saint-Mathias) ou de Saint-Charles, tandis que ceux de Beloeil dépendent de la mission du Fort Chambly. L'heure trop matinale des messes et les distances à parcourir pour y assister limitent le nombre des présences. On part de grand matin pour participer à une célébration, bien souvent abrégée à cause des rigueurs du climat.

Une paroisse à Beloeil: Saint-Matthieu

Les occupants de Rouville et de Beloeil, séparés par la rivière Chambly (Richelieu), sans traversier, souffrent de leur éloignement des services du culte. Cette privation est pénible. Elle a déjà incité ceux de Beloeil à présenter une requête à l'évêque pour l'ouverture d'une mission chez eux. Trop peu nombreux, ils ont échoué.

Ils résolurent alors de s'allier les habitants de Rouville, qui avaient du reste participé à leurs assemblées, espérant ainsi recueillir un nombre de signatures suffisant pour attendrir l'évêque et obtenir une paroisse de leur côté de la rivière. Cette deuxième requête fut présentée à Mgr Olivier Briand, alors évêque de Québec, à l'occasion de son passage à Saint-Charles, le 10 juin 1768. Sur la liste des francs-tenanciers de

Rouville qui ont signé la requête, on relève 43 noms [1]:

Claude Martel	Jean Chartier	Monsieur Nelson
Pierre Boudriau	Pierre Brouillet	Gagnier
François Saint-Germain	Jacques Catudal	Monsieur Mondelet
Guillot	Joseph Chagnon	Paul Câty
Jacques Labombarde	Pierre Villemaire	Joseph Mathieu
Jos l'Allemand	Pierre Laroche	François Jarret, fils de Jos
Antoine Viau	Laurent Viau, fils	François Poirier
Alexis Jarret	Jacques Delisle	La Veuve Bounard
Pierre Chagnon	Le sieur Mondelet	J.B. Girodeau
Auguste Vallière	Bourbeau	Pierre Chicoine
J.B. Galipeau	Bellefleur-Charron	Pierre Jean Lachapelle
Joseph Leduc	Claude Goguet	Jos Leduc, neveu du premier
François Jarret	Jean Catudal	St-François
Jacques Vaudry	Laurent Viau, père	Beausoleil
Pierre Jeannot		

Sans leur adhésion, cette deuxième requête de Beloeil eût été aussi infructueuse que la première, mais cette fois, Mgr Briand s'émeut et accorde une desserte aux pétitionnaires.

Le 8 octobre 1768, le curé de Saint-Charles est mandé à Beloeil par l'évêque pour planter une croix sur le terrain désigné pour la construction de leur future église, suivant l'usage établi au pays. Partant de cette cérémonie symbolique, il convient de considérer le 8 octobre 1768 comme date de fondation de Saint-Matthieu de Beloeil: la construction des édifices, l'ouverture des registres, l'érection canonique et la reconnaissance civile n'étant que des étapes dans le processus normal de l'établissement de toute paroisse.

On convient alors, selon la coutume, de construire à Beloeil un presbytère-chapelle en pierre, de 50 pieds par 36. Les habitants de la Pointe Olivier, de Saint-Joseph de Chambly ou de Saint-Charles, selon le cas, doivent désormais reconnaître pour leur pasteur le curé Mathieu LaTaille, de Saint-Charles, desservant à Beloeil.

Le presbytère-chapelle est livré au culte en février 1772, quatre ans après la fondation de la paroisse. Pendant dix-sept mois, la paroisse est desservie par le curé de Saint-Charles; à l'automne 1773, le nouveau curé de Saint-Charles, Jos-Étienne Demeulle, devient le premier curé de Saint-Matthieu et dessert en même temps les missions de Saint-Ours et Saint-Charles, pendant deux ans.

Lui succède François Noiseux, né à Sainte-Foy en 1748,

qui demeure vingt et un ans à Beloeil et y fait bâtir la première église de pierre. Il désire y finir ses jours; il demande et obtient des syndics le droit de sépulture à Beloeil. Cependant, il fut terrassé par la goutte aux Trois-Rivières, à l'âge de 86 ans. (Il fut l'auteur, en 1833, de la Liste chronologique du clergé). Les talents d'administrateur du curé Noiseux incitent René-Ovide Hertel et son fils Melchior, seigneurs successifs de Rouville, à

Jean-Baptiste René-Ovide Hertel, troisième seigneur de Rouville (1722-1792). Coll. Musée McCord.

Jean-Baptiste Melchior Hertel, quatrième seigneur de Rouville (1792-1816). Coll. Musée McCord.

le nommer leur fondé de pouvoir. Durant vingt ans, le curé Noiseux signe de nouveaux actes de concession en leur nom dans la seigneurie de Rouville.

Les fidèles de Beloeil et de Rouville doivent donc se partager, durant plusieurs années, les soins d'un même pasteur à Saint-Matthieu. Cet arrangement retarde de vingt ans la fondation d'une paroisse dans Rouville. Quoi qu'en dise la tradition, cependant, le territoire de la paroisse Saint-Matthieu n'a jamais dépassé la rivière. La paroisse Saint-Matthieu comprenait alors toute la seigneurie de Beloeil, plus environ quarante arpents de profondeur dans l'agrandissement de ce fief, du côté de Longueuil. Il serait juste de dire que les censitaires de Rouville fréquentaient les offices du culte à Saint-Matthieu, tout comme ceux de Beloeil l'avaient fait à Chambly, avant la fondation de leur paroisse. Toutefois, il y eut à Saint-Matthieu, par intervalles, des marguilliers de Rouville, entre 1782 et 1797: il s'agit de Jean-Baptiste Galipeau, en 1782, Charles L'Heureux, en 1785, Jean-Baptiste Rocque, en 1788 et François Auclair, en 1797. Le premier marguillier de Saint-Matthieu fut Augustin Lambert, nommé en 1780. Quatre habitants de Rouville optèrent même pour demeurer attachés à la paroisse de Saint-Matthieu: leur choix fut ratifié le 8 mars 1784. Ce sont Charles Étienne Letêtu, notaire, Jean-Baptiste Rocque, Louis Tétreau et Jos Messier.

La première église en pierre de Beloeil est ouverte après trois ans de travaux et bénite le 8 octobre 1787. Au début de 1792, elle est encore à peine logeable. L'intérieur ne fut entièrement aménagé qu'en 1798. Elle fut frappée par la foudre et incendiée le 13 octobre 1817.

Quel est l'aspect de Saint-Matthieu de Beloeil à cette époque? L'abbé Desnoyers fait mention d'un moulin à grain et d'une scierie établis en 1814 à Beloeil et il ajoute: ... *les habitants sont extrêmement bien bâtis mais dispersés sur les différentes concessions. On en trouve çà et là quelques-uns réunis, mais point de village. L'église et le presbytère sont près du Richelieu...* L'Écho du Pays décrit ainsi la limite de la paroisse de Beloeil, en 1835:

> ... *à comprendre une étendue de territoire d'à peu près six milles de profondeur, bordé au nord-est par le fief Cournoyer (St-Marc), au sud-est, par la rivière Richelieu, au sud-ouest, en partie par la seigneurie de Boucherville et en partie par celle de Montarville, au nord-ouest, en partie par la paroisse Sainte-Anne de Varennes, telle qu'elle fut érigée par un décret ecclésiastique daté du 1er mars 1832* [2].

Premières démarches
pour une église dans Rouville

Les premières démarches pour obtenir une paroisse

dans Rouville remontent à 1787. Un groupe de francs-tenanciers de la seigneurie, le long de la rivière des Hurons, moins nombreux mais plus en souffrance quant à leurs besoins spirituels, en prennent l'initiative sans l'aide du troisième seigneur, René-Ovide Hertel[3], alors trop accaparé par ses affaires personnelles à Montréal. Les premiers, ils attachent le grelot qui sonne les débuts de la formation d'une paroisse, même si leur démarche n'a pas de résultats immédiats.

Depuis la formation de la paroisse Saint-Matthieu, ceux de Rouville refusent de contribuer à la construction de l'église. Leur participation se borne à la location de bancs dans le presbytère-chapelle: ils espèrent construire à leur tour une église de leur côté de la rivière.

Mais où bâtir cette église? Le choix d'un site n'est pas chose facile puisque deux groupes s'en disputent le privilège: les concessionnaires du Richelieu et ceux des Hurons. Entre-temps, les marguilliers de Saint-Matthieu, privés du support financier des habitants de Rouville, refusent de leur louer ou de leur vendre des bancs dans leur église. Toutefois, les riverains de Rouville préfèrent être desservis par Saint-Matthieu plutôt que d'appartenir à la paroisse que projettent les habitants des Hurons. Pour ajouter à ces difficultés, un groupe du rang des Étangs (troisième concession de Rouville), étant plus près de l'église projetée aux Hurons, choisit d'y être rattaché.

Mgr Hubert, tiraillé par des requêtes divergentes, n'a pour sa part aucune connaissance des lieux. Il décide de venir rencontrer les trois groupes en cause avant de trancher le débat. Il traite l'affaire en passant à Saint-Matthieu, en 1789, mais ne décide rien. Néanmoins, il écrit ses instructions et fait sentir aux deux groupes de Rouville que leur demande est prématurée, tout en recommandant aux paroissiens de Saint-Matthieu de vivre en paix et en harmonie, provisoirement, avec leurs voisins d'en face.

Au cours d'une assemblée tenue le 28 octobre 1787, les paroissiens de Beloeil, qui prennent possession de leur nouvelle église, refusent d'accommoder les habitants de Rouville qui avaient refusé de contribuer à sa construction. Voilà donc ces derniers... à la porte. Leurs bancs sont mis à la criée, à la fin de l'année.

Dans l'intervalle, les censitaires des Hurons marquent une nette avance sur ceux du bord de l'eau et présentent, dès

1788, une requête officielle pour avoir une paroisse chez eux.

Stimulés par la crainte de voir le groupe des Hurons obtenir une église les premiers et aussi par la volonté de ne pas être privés de la leur pendant plusieurs années encore, les habitants du bord de l'eau s'adressent aussitôt à l'évêque. Leur supplique, présentée par le patriarche Jean-Baptiste Rocque, au nom de tous les habitants du bord de l'eau et rédigée par le notaire Letêtu, demande qu'ils continuent à être desservis par Saint-Matthieu. À l'appui, ils soulignent la distance qui les sépare de la rivière des Hurons:

... Les chemins sont impraticables et ne viendront jamais guère plus beaux à cause du grand nombre de pierres énormes qui se trouvent autour de la montagne où il faut le faire, à moins qu'il ne plaise à Sa Grandeur de marquer la place d'une église sur le bord de l'eau de la rivière Richelieu.

Il y a, en 1792, une population de 893 âmes dans la seigneurie de Rouville. L'évêque ne peut oublier ces groupes de Beloeil et ceux de Rouville qui s'agitent en même temps. Le 18 juin, aux Hurons, les habitants adressent une nouvelle requête, demandant que le site d'une église soit marqué chez eux. Comme les gens de Saint-Matthieu se soucient moins que jamais de laisser ceux de Rouville posséder des bancs dans leur église, ces derniers décident d'en appeler aussi à l'évêque de Québec. À l'automne, la situation s'aggrave. Le curé de Saint-Matthieu annonce de nouveau au prône, un dimanche de septembre, que les habitants de Rouville seront déchus de leurs droits de banc à Saint-Matthieu. À la porte pour de bon, il leur faut réagir avec diligence.

Dès novembre, quatre-vingt-deux propriétaires, la plupart du bord de l'eau, formant une majorité de francs-tenanciers de la seigneurie, adressent une requête à l'évêque pour obtenir la permission de construire chez eux une église, un presbytère, un cimetière, à l'endroit et sous le vocable de tel saint qu'il lui plaira. Ils sont 130, domiciliés ou non, censitaires de la seigneurie. Ils croient pouvoir fournir une dîme suffisante pour la subsistance d'un curé, à la condition, bien entendu, de ne supporter qu'un seul pasteur. La récolte de 1791, en dépit d'une grande sécheresse, leur aurait permis d'offrir 393 minots de tous grains, dont 216 de blé. Ils promettent donc dans leur requête une dîme de 450 à 500 minots de blé froment, 150 à 200 minots de pois et 250 à 300 minots d'avoine. Ils ajoutent que le

casuel devrait rapporter environ 300 chelins, anciens cours, par
année.

Mgr Jean-François Hubert, évêque
de Québec de 1739 à 1797.

Mgr Jean-Jacques Lartigue, évêque
de Montréal de 1836 à 1840.

Ces évaluations hardies sont vivement mises en doute
par Mgr Lartigue de Montréal (alors auxiliaire de Mgr Hubert,
évêque de Québec, v. annexe N) qui n'est pas sans connaître
leurs maigres moyens. Néanmoins, leur argument le moins
facilement négligeable est toujours l'obstacle du Richelieu ...
*qu'il faut nécessairement traverser pour se rendre à l'église de
Beloeil, ... pas toujours praticable, surtout dans certaines
saisons, les enfants, les vieillards, les malades se trouvaient
souvent privés des secours spirituels les plus nécessaires.* (Il
n'y avait, semble-t-il, aucun traversier en opération à
l'époque). Cette première requête pour une paroisse est appuyée des signataires suivants: Jean-Baptiste Desforges,
Michel Plamondon, John Sailier, Antoine D'Autant, lieutenant
de milice, Nicolas Bisci (Boissy) et le capitaine Léopold Rémi.

Après cinq mois d'attente, parvient la réponse de l'évêque. Nous sommes en 1793. Il donne mission à Messire Chauvaux, curé à Chambly où réside le seigneur Melchior Hertel de Rouville, de se rendre à la rivière des Hurons et lui suggère que *la place la plus centrale sera vraisemblablement sur la rivière des Hurons, derrière la montagne.* Le sort en est jeté.

Cette décision litigieuse de l'évêque est rendue en dépit d'un conseil fort judicieux que lui donnait Messire Cherrier, curé de Saint-Denis, en ces termes:

> *Les habitants de la seigneurie de Rouville demandent l'érection d'une paroisse sur la rivière Chambly, comme toutes les autres seigneuries qui bordent la rivière. Je préviens Votre Grandeur que si l'on met en premier lieu les habitants de Rouville dans les concessions des profondeurs avant que d'en mettre une sur les bords de la rivière Chambly* [3a], *on va y susciter la discorde pour longtemps, et l'on attribuera ce changement d'ordre aux autres seigneurs de la rivière Chambly, ou la suscitation d'un intérêt temporel et personnel.*

À mon humble avis, ce texte est lourd de sens et suggère certaines intrigues, ou une impopularité de M. de Rouville auprès de l'évêque. De toute façon, ce geste de l'autorité ecclésiastique ne fait que stimuler l'ardeur du seigneur de Rouville à poursuivre son but, celui d'avoir son église au bord de la rivière.

À noter que dès janvier 1793, les habitants des Hurons, tout comme ceux du bord de l'eau, espèrent bâtir une église dans leur seigneurie - sauf que ce n'est pas à la même église qu'ils pensent - et ils demandent à ceux de Beloeil que leur part respective de la quête de l'Enfant-Jésus soit mise de côté à l'avenir, pour leur être remise en argent quand ils le demanderont et déclarent qu'ils ne contribueront à cette quête qu'à cette condition. Ce qui est accordé.

Le seigneur suit à distance - il est à Chambly - l'évolution de sa seigneurie. Il est fort contrarié de la tournure des événements. Il croit, avec raison, que les habitants des deux premières concessions ne voudront pas reconnaître l'église projetée aux Hurons. Il refuse l'idée que ses censitaires soient partagés entre deux paroisses. Donc, il s'y opposera par tous les moyens que la décence et la justice lui fourniront. Il s'opposera formellement à ce que ses censitaires des deux premières concessions soient rattachés à la paroisse de la seigneurie de Beloeil. De leur côté, les censitaires des deux premières concessions refusent aussi fermement d'être desservis à l'autre extrémité de la seigneurie ou d'y contribuer de quelque façon que ce soit.

Le seigneur Melchior Hertel de Rouville a déjà désigné un terrain pour une église et autres dépendances curiales dans la première concession et pour le service de toute la seigneurie. Il recourt au notaire Letêtu pour la rédaction d'une nouvelle supplique qui rappelle à l'évêque que l'église ne doit pas être située … *dans ce lieu inculte et mauvais*… (les Hurons). En désespoir de cause, on va jusqu'à suggérer la construction de deux églises, desservies par un même prêtre qui jouirait des dîmes que lui procurerait toute la seigneurie.

Organiser une paroisse dans sa seigneurie est un devoir du seigneur. En plus de faire défricher sa concession, de construire son manoir et un moulin à farine, d'ouvrir des chemins et de recruter des colons, il se doit d'être le factotum de l'organisation paroissiale. Les terrains des églises et des écoles sont généralement donnés par les seigneurs qui, en retour, se voient octroyer un banc à perpétuité dans l'église de leur seigneurie et autres privilèges honorifiques. Les seigneurs tirent avantage de ces générosités car, sans église et sans curé, pas de colons. Au XIXe siècle, le curé Labelle dira de même: *Faites venir un prêtre, bâtissez-lui une chapelle, et la colonisation se fera par enchantement.* L'église et le curé sont des atouts essentiels pour l'épanouissement de la seigneurie, mais tout cela n'est pas viable sans un minimum de francs-tenanciers.

Le seigneur de Rouville s'immisce pour la première fois dans les affaires de la paroisse de sa seigneurie lorsqu'il apprend la mission de son curé, Messire Chauvaux. Messire Chauvaux fait face à un dilemme: malgré l'obéissance qu'il doit à son évêque, il craint de nuire à ses relations avec son paroissien de Chambly, M. de Rouville. Conclusion: il ne remplit pas sa mission. Lorsque, en 1794, il est nommé curé à Sainte-Anne-de-la-Pocatière, à 85 lieues de Rouville, il quitte sa cure de Chambly en laissant tout en suspens.

Fondation de Saint-Jean-Baptiste

Nous sommes en 1795, Rouville a été concédée aux Hertel il y a cent ans. Cet anniversaire, qu'on ne célèbre pas, marque la fondation d'une première paroisse dans ce territoire. C'est en effet le 15 mars 1795 que Mgr Denaut, curé de Longueuil, est député à Rouville par Mgr Hubert, évêque de Québec. Le 15 septembre suivant, il se rend aux Hurons pour y marquer la place de la future église Saint-Jean-Baptiste, en réponse à la requête des censitaires des Hurons, en l'année 1792. L'abbé Isidore Desnoyers ajoute dans ses notes: ... *sur les représentations de M. de Rouville, il recommande à l'évêque en chef la création d'une nouvelle paroisse formée des trois premières concessions de la seigneurie* [4].

À cette époque, 1795, tout le quatrième rang, au nord-est de la montagne, est concédé: le rang nord de la rivière aux Hurons a 130 arpents de front de concédés et le rang sud de la rivière, 151 arpents de front. Les Trente ont de concédés 64 arpents de front et les soixante, 24. Le territoire de Saint-Jean-Baptiste était convoité pour sa vaste plaine bien irriguée et ses prairies naturelles offrant de généreux espaces pour le pâturage, sans autre préparation ou défrichement. Le seigneur concédait volontiers un lopin de ces pâturages aux censitaires des trois premiers rangs afin de mieux asseoir leurs ressources.

Sans égard pour le seigneur de Rouville qui s'oppose fermement au projet des Hurons, l'évêque acquiesce à la requête des censitaires et dédie cette église à nul autre patron que celui de Jean-Baptiste Melchior Hertel. Au-delà de toute rancoeur et de toute bouderie, M. de Rouville accepte ce patronyme en son honneur pour la première paroisse de sa seigneurie.

On y construit, comme le veut la coutume, un presbytère-chapelle avec pignon à deux eaux et lucarnes, en attendant de construire l'église. (Le presbytère actuel de Saint-Jean-Baptiste a sans doute été construit à même ce premier édifice.) Un magnifique tableau de saint Jean-Baptiste, oeuvre de W. Bercy, surmonte l'autel: c'était, il va sans dire, un don de l'honorable Hertel de Rouville. (Ce tableau était encore au-dessus de l'autel en 1858.)

Les premiers syndics élus pour la construction de ce presbytère-chapelle le sont au cours d'une assemblée des francs-tenanciers, le 2 avril 1797. Ce sont: Charles Touchette, Joseph Gagnon, Gabriel Dubois, Guillaume Laprise, Ambroise Lemonde et Joseph Forand. La chapelle aura quarante et un bancs et sera construite par des maçons de la paroisse, sans plans d'architecte. Jos Doré exécutera les travaux de menuiserie. [5]

Une première messe est célébrée le 1er novembre 1797. Le même jour, dans la maison presbytérale, a lieu l'ouverture des registres. On élit en même temps les trois premiers marguilliers: Jean-Baptiste Gauthier dit Saint-Germain, Antoine Lafrance et François Gaucher dit Bourdelaise. Le premier desservant est Messire Jean-Baptiste Bédard. Dès l'ouverture, Antoine Frégeau dit Laplanche est élu maître-chantre et on lui réserve un banc comme le veut la coutume. Il chantera dans le choeur et devra assister assidûment à la messe et aux vêpres. Un jour qu'il a laissé le choeur, son banc est mis à la criée, mais il a préséance sur le plus haut enchérisseur et il est réhabilité [6]. Il est un des rares citoyens qui sachent signer et il est toujours témoin dans les occasions officielles, avec Joseph Pratte et Joseph Gaudry dit Bourbonnière, beau-frère de Frégeau.

On relève qu'en 1805, un nommé Joseph Bissonnette jouit gratis du dernier banc près de la porte, afin qu'il puisse ne tolérer personne hors de l'église pendant l'office divin: on le nomme connétable.

L'église est construite: 1807-1810

C'est en 1807 qu'on commence les travaux de l'église actuelle. Les travaux sont donnés à contrat avec Pierre Ménard pour la maçonne de 114 pieds par 50 pieds et 23 pieds de hauteur, et avec François Lareau pour la charpente, en 1809. Clément Hudon et Joachim Pelletier seront les artisans de la couverture. Deux ans plus tard, la veille de Noël, Louis Quévillon et Joseph Pépin, son élève, entreprennent l'aménagement et la décoration intérieure, par exemple, un tabernacle *comme celui des soeurs Grises*. Sébastien Fleurant se charge de la menuiserie. Dans un grand concert d'exécutions artistiques, ils complètent et livrent au culte la maison de Dieu en septembre 1810. Plus tard, en 1814, François Séguin entreprend la balustrade *comme celle de Boucherville*. Finalement, en 1816 et 1817, on orne la voûte, au coût de 17 000 livres, avec comme maître d'oeuvre Louis Quévillon, aidé de René Saint-James, Joseph Pépin et Paul Brillon. Ils façonnent en même temps la chaire et le banc d'oeuvre.

Plusieurs de ces travaux de haute qualité artistique furent sacrifiés, à la fin du XIXe siècle, pour faire place à des ornements plus à la mode du temps, et cela au coût de 30 000$. Des années 1820, il reste l'autel, la chaire et sa rampe, quelques peintures anciennes, hors les décorations de la voûte. Une description datant de la première époque se lit ainsi:

> *L'église en 1858 a 232 bancs dont 132 dans la nef sur six rangées et 100 dans les jubés et galeries. Un bel autel surmonté d'un magnifique tableau de saint Jean-Baptiste, oeuvre de W. Bercy. Quatre colonnes torses soutiennent un baldaquin. Entre celles-ci sont deux niches recevant deux statues en bois coloré représentant les deux diacres saint Étienne et saint Laurent. On y remarque entre autres six tableaux: de chaque côté du maître-autel, l'adoration des mages et la cène. Au-dessus des trônes un Ecce Homo et Saint-François d'Assise. Au-dessus des petits autels la Visitation et Saint-Louis roi de France. Enfin deux grandes statues de la Vierge et de saint Joseph en plâtre et une troisième de Notre-Dame-de-la-Pitié.* [7]

En 1832, cette paroisse est déjà plus populeuse que celle de Saint-Hilaire, affirme Bouchette[8]: elle compte 2 098 habitants contre 1 028 à Saint-Hilaire. La superficie de Saint-Jean-Baptiste est de 17 529 arpents carrés[9] contre 11 557, pour Saint-Hilaire.

Les familles pionnières de Saint-Jean-Baptiste sont entre autres: les Desautels, Plamondon, Chabot, Desnoyers, Desmarais, Guertin, Chicoine, Blanchard, Forand, Tétreau, Morier, Brouillet, Vincelette, Benoit, Lajeunesse, Lemonde et Bienvenue.

En 1871, on retrouve l'élite suivante: Jean-Baptiste Béique, M.D., Adrien Colette, marchand, Frégeau et Frère, marchand, (Alfred et Charles), Mathilde Goulet, marchande, Isaïe Gingras, LL.B., notaire et secrétaire municipal, Michel Lemonde, notaire, Noël Ménard, aubergiste, Charles Moreau, propriétaire de moulin et Louis Riendeau, maître de poste [10]. Fait à noter, on trouvait à Saint-Jean-Baptiste, en 1808, un marchand nommé Delagrave.

Par un mystérieux dessein de la Providence, la paroisse Saint-Jean-Baptiste donne, de 1800 à 1915, trois fois plus de prêtres à l'Église que la paroisse de Saint-Hilaire pour la même époque.

* * *

Voilà donc que, vingt-sept années après la fondation d'une paroisse à Beloeil, la population de Saint-Hilaire dépend toujours -en 1795- de cette paroisse Saint-Matthieu de Beloeil, tandis que, comme on l'a vu plus haut, les censitaires de la rivière des Hurons viennent de s'organiser en paroisse et ont, en deux ans, bâti leur presbytère-chapelle apparemment sans problème. Quant aux censitaires des Étangs (troisième concession), ils se réclament de la paroisse Saint-Jean-Baptiste à cause de sa proximité.

Plus nombreux que les paroissiens de Saint-Hilaire, plus à l'aise, les gens des Hurons ont fait preuve d'une meilleure cohésion pour obtenir, envers et contre la volonté du seigneur et la coutume établie, la première paroisse de la seigneurie et, par ricochet, le premier curé desservant. Là-bas, dans la profondeur des terres, ils ont été capables de s'unir en communauté civile et religieuse avant les riverains du Richelieu qui, pourtant, habitaient le coeur de la seigneurie de Rouville.

1. DESNOYERS, Isidore, *Notes manuscrites pour une histoire de Saint-Hilaire*, Archives de l'évêché de Saint-Hyacinthe.
2. Journal hebdomadaire publié à Saint-Charles, du 22 février 1833 au 6 juin 1836.
3. CARDINAL, Armand, *op. cit.* p. 51.

3a Le cardinal de Richelieu, principal ministre de Louis XIII, mourut le 4 décembre 1642. C'est à sa mémoire que M. de Montmagny, deuxième gouverneur du Canada, donna, la même année, le nom de Richelieu à la rivière de Chambly qui avait d'abord porté les noms de rivière des Iroquois et de rivière Saint-Louis.

4. DESNOYERS, Isidore, *loc. cit.,* passim.

5. SAINT-PIERRE, abbé J.A., Coupures sans date du *Courrier de Saint-Hyacinthe*, Archives du Séminaire de Saint-Hyacinthe.

6. Premier livre des délibérations de la paroisse Saint-Jean-Baptiste, 1797.

7. Voir note 5.

8. BOUCHETTE, Joseph, *Description topographique du Bas-Canada*, 1832.

9. L'arpent est une mesure de longueur équivalant à 192 pieds ou 58,5 mètres.

10. *Lovell Dominion Directory*, 1871, p. 1 443.

CHAPITRE
DEUXIÈME

Fondation de la paroisse de Saint-Hilaire.

Après Saint-Matthieu de Beloeil, après Saint-Jean-Baptiste de Rouville, c'est le tour de Saint-Hilaire. Les habitants des trois premières concessions sont stimulés par l'initiative des censitaires des Hurons et sont appuyés par le seigneur désireux d'avoir une église au bord de l'eau, comme les seigneuries voisines. Moins riches et divisés par deux économies et trois mentalités, celle de la montagne, celle de la plaine et celle des Étangs, pauvres en moyens de communications, ces habitants se forgent quand même une volonté d'agir et de faire aussi bien que leurs voisins. Le seigneur de Rouville intervient avec véhémence, à une époque où les laïcs sont mal venus de vouloir imposer leurs volontés à l'Église hiérarchique.

Première requête

La première requête officielle pour la création d'une paroisse au bord du Richelieu remonte à janvier 1794. Elle venait du groupe des trois premières concessions et fut présentée à Mgr Denaut, de passage à la rivière des Hurons où il allait marquer l'emplacement d'une église. Cette requête, (faite à Beloeil par le notaire J.M. Mondelet), était appuyée par une lettre de M. de Rouville et portait les trente-six signatures suivantes:

Pierre Chagnon	*J. Baptiste Leclerc*	*Charles L'Heureux*
Pierre Chagnon, fils	*Joseph Desautels*	*Louis Racette*

Bisque Croteau	J. Baptiste Séné	Jean-Baptiste Vallière
Jean-Baptiste Renaud	Paul Rémi	Étienne Boiron
Antoine Delisle	Augustin Vallière	Vve Vadeboncoeur
Jean-Marie Plamondon	Charles Côté	Joseph Béique
Pierre Goyette	François Bourbeau	J. Baptiste Galipeau
J. Baptiste Plantète	J. Baptiste Gaboury	Amable Niclet
Charles Galipeau	Pierre Vallière	Pierre Bombardier
Joseph Douville	Léopold Rémi, capitaine	Nicolas Boissy
Jean Bourbeau	Noël Lussier	Antoine D'autand
François St-François	Joseph Chagnon	J. Baptiste Desforges

Cette représentation a pour effet d'attendrir l'évêque de Québec Mgr Hubert qui, obéissant aux recommandations de son envoyé, veut se montrer bon prince. Vu les dispositions du seigneur de Rouville, il donne, le 16 novembre 1795, mission à Mgr Denaut de se rendre à Rouville et de désigner, par la plantation d'une croix dans la concession qui est la plus voisine de la rivière Richelieu, le site d'une future église paroissiale à laquelle, néanmoins, il ne promet pas de donner un curé. Dans sa lettre d'instructions, il s'exprime ainsi:

> ... Votre recommandation m'a déterminé contre mes premières idées à permettre la construction d'une seconde église dans la seigneurie de Rouville, sur la rivière Chambly, laquelle sera seulement pour les habitants des trois premières concessions, et entreprise par eux seuls, ce qui les décharge par conséquent à contribuer aux frais de celle des Hurons.

> ... Je désirerais que l'on put donner pour titulaire à cette seconde église, saint Hilaire de Poitiers, dont la fête arrive le 14 janvier, et qui n'est encore patron d'aucune paroisse du diocèse. C'est ce qui vous sera aisé d'effectuer lorsque vous vous transporterez sur les lieux pour en désigner la place.

> Signé: Jean François, (Hubert) évêque de Québec

Mgr Denaut se rend donc à Rouville une seconde fois, le 21 décembre 1795 et il plante la croix rituelle pour désigner la place de la future église Saint-Hilaire. Ceci se passe trois mois à peine après une cérémonie semblable à la rivière des Hurons. Il convient de considérer cette date du 21 décembre 1795 comme celle de la fondation de la paroisse Saint-Hilaire, date qui fut longtemps confondue avec celle de l'ouverture des registres en 1799.

Cependant, Mgr Plessis écrira plus tard à Mgr Panet: ... *Saint-Hilaire fut érigée par Mgr Hubert en visite sans autorisation diocésaine qui approuve ensuite l'autorisation. Tout se fit verbalement...* Pareille assertion est pour le moins étonnante. La lettre de Mgr Hubert, du 16 novembre 1795, est pourtant très claire. Il faut en tenir compte.

Une première maison du culte

L'autorisation de construire une église n'aplanit pas toutes les difficultés. Le plus gros obstacle à surmonter est de trouver les ressources nécessaires parmi les nouveaux paroissiens. À Rouville, la ferveur religieuse paraît n'être l'apanage que d'un petit groupe de gens d'élite qu'il faudra mettre à contribution.

Il est décidé de bâtir un modeste presbytère-chapelle, en pierre, à peu près semblable à celui que les habitants des Hurons achèvent déjà. Les églises de bois présentent des risques d'incendie et on préfère de plus en plus des constructions en pierre. Un marché est passé devant le notaire Mondelet, entre les syndics et François Duranleau, pour la construction de ce presbytère-chapelle. Ce document reste jusqu'ici introuvable.

La construction projetée doit mesurer 50 X 36 pieds avec une enceinte aussi de pierre pour un cimetière. Elle sera payée au moyen d'une souscription volontaire. Le bois des concessions et la pierre de la montagne seront fournis par les censitaires qui doivent aussi donner des journées de corvée d'hommes et de harnais. Pour recueillir les souscriptions et surveiller les travaux, les nouveaux paroissiens élisent des syndics, au cours d'une assemblée présidée par Messire Noiseux, curé de Beloeil. Ce sont: les sieurs Jean-Baptiste Desforges, négociant et capitaine de milice, Isidore Poirier, Jean-Baptiste Rocque, Pierre Boissy, Pierre Goguet et Charles L'Heureux.

Deux ans plus tard, en 1798, le presbytère-chapelle est terminé. Le haut est affecté à la chapelle et contient trente-quatre bancs payants disposés sur quatre rangées, outre le banc seigneurial et celui du capitaine de milice offerts gratuitement selon la coutume devenue loi depuis un décret du gouverneur en 1709. Le bas servira de salle des habitants pour les délibérations et peut-être d'école. (Situé à l'emplacement du presbytère actuel).

À noter que le presbytère-chapelle fut à cette époque une formule provisoire permettant d'élever une maison du culte avec des moyens restreints. La construction d'une église était la suite logique d'un presbytère-chapelle, dès que les ressources et la population le permettaient.

Desservants*

Le premier desservant qui officie dans la nouvelle chapelle est Messire Jean-Baptiste Bédard, jeune prêtre de 25 ans, curé à Saint-Jean-Baptiste depuis le 1er novembre 1798. Il desservira les deux paroisses simultanément jusqu'au 20 avril 1801 et deviendra par la suite curé à Saint-Denis où il mourra du choléra en 1834.

En dépit de l'augmentation du nombre de prêtres, quelques missions paroissiales de formation récente et peu établies restent sans curé résident. C'est le cas de Saint-Hilaire: durant trente-trois ans, on aura dans le presbytère-chapelle une messe dominicale irrégulière, dite par le curé le plus proche et quelque fois à des heures trop matinales pour les paroissiens éloignés. Il ne sera pas habité par un curé résident avant l'arrivée, en 1831, de Messire Jacques Odelin.

En 1799, les paroissiens de Saint-Hilaire, souffrant de leur situation de "missionnés", profitent d'une visite de l'évêque pour réclamer un curé, dans une requête signée de 64 croix plus les signatures du capitaine Léopold Rémy et de Jean-Baptiste Desforges, marchand, rédigée par le notaire Letêtu qui ajoutait d'une main tremblante: ... *On garantira le revenu de la dîme par un consentement de la paroisse, à la porte de l'église, les présents se faisant forts pour les absents...* Malgré sa bonne volonté, l'évêque ne pourra accéder aux voeux des requérants. Il est pauvre en prêtres et la paroisse est

---

* La liste complète des desservants et des curés (1799-1983) de la paroisse Saint-Hilaire apparaît à l'annexe K.

pauvre en dîme… Les requérants n'ont en effet offert cette année que *280 minots de bled*, parce que, selon eux, il n'y a dans la paroisse que la moitié des terres en culture.

À partir de l'année 1805, la paroisse est confiée à la charge des curés de Beloeil qui, durant 23 ans, y seront préposés comme desservants. Et lorsque le 13 novembre 1817, par une triste ironie du sort, la foudra frappa l'église de Beloeil qui se consuma en l'espace de deux heures, Mgr Plessis permit de chanter la grand'messe, les dimanches et fêtes, dans la petite chapelle de Saint-Hilaire. Pendant treize mois, les paroissiens de Beloeil durent, à leur tour, traverser la rivière pour participer aux cérémonies du culte à Saint-Hilaire.

Registres

Il y a en 1798, avant l'ouverture des registres, onze baptêmes et onze sépultures. La première année de l'ouverture des registres, 1799, on relève 36 baptêmes, 14 sépultures et 3 mariages: ce qui illustre d'une façon péremptoire la nécessité de cette mission de Saint-Hilaire. Le premier mariage unissait Marie Magdeleine Côté et Louis Vaché, de Saint-Hyacinthe, le 21 janvier 1799. La première sépulture est celle de Esther, fille de Pascal Dauplaise, décédée le 3 février à l'âge de trois ans. L'acte le plus étonnant est le premier baptême à paraître aux registres: *Jean-Baptiste Ambroise, enfant du légitime mariage du sieur François Renaud, agriculteur, et de Josephte Hertel, le 26 mars.* Il nous a été impossible de relier cette nouvelle mère à la famille Hertel de Rouville. Louis Racette fait office de bedeau à cette occasion.

La coutume établie au pays voulait que le seigneur soit le parrain du premier enfant baptisé dans sa paroisse. Ainsi, le sieur Jean-Baptiste Desforges, marchand et marguillier en charge, obtient cet honneur pour sa fille Cécile, baptisée le 24 juin 1798; mais l'acte n'apparaît pas aux registres de Saint-Hilaire qui ne sont pas encore ouverts.

Marguilliers

Le livre des délibérations de la paroisse Saint-Hilaire ouvre le 16 décembre 1799. C'est un dimanche. Messire Bédard préside après la messe une assemblée des paroissiens afin d'élire les premiers marguilliers de la fabrique. Il inscrit au procès-verbal: ... *la majorité des voix a été premièrement pour Charles L'Heureux qui s'est trouvé par là même marguillier en charge, ensuite pour Antoine Authier et enfin pour Joachim Chaillon* (Chagnon).[1]

Cette même année, 1799, est passé l'acte de donation du terrain de l'église par le seigneur de Rouville, devant le notaire François Leguay, fils, le 31 janvier. (Voir les titres de ce terrain à l'annexe A.) On en fait la description suivante: ... *un terrain et emplacement sis en la seigneurie de Rouville de la contenance qu'il peut avoir, tenant par devant à la rivière Richelieu sur six arpents de profondeur, joignant d'un côté au dit Sieur Bailleur, borné par une ravine jusqu'à l'alignement du presbytère actuellement construit, d'où il prendra un arpent de front sur le reste de la profondeur à compter du bord de la rivière Richelieu...* (Fait et passé en la demeure du Sieur Jean-Baptiste Desforges, le 31 janvier 1799, signé par six croix des syndics et marguilliers, plus H. de Rouville, J.-Bapt. Desforges et J. M. Mondelet, n.p.).

La vie paroissiale se matérialise

Le presbytère-chapelle est à peine terminé que les paroissiens célèbrent, le 14 janvier 1799, avec toute la solennité que leur permettent les conditions de leur nouvelle église et des ornements de fortune, leur fête patronale, inaugurant ainsi une tradition qui s'est perpétuée le 14 janvier de chaque année. [2]

Cinq années passent. Rien ne vient troubler la quiétude des paroissiens de Saint-Hilaire. La mission leur apporte, semble-t-il, apaisement et fierté. Finies les frustrations, croyait-on. D'année en année, leur sentiment d'appartenance se matérialise: ils nantissent leur presbytère-chapelle d'objets du culte et d'accessoires convenables.

En 1799, les archives mentionnent la bénédiction d'une cloche, *Marie-Sophie*, pesant 211 livres. En 1801, on achète une chasuble au coût de 385 livres. Le desservant, Messire

G.E. Tachereau, s'efforce de réglementer la vente des bancs. On achète, en 1802, un calice de 396 livres. Le desservant Michel Vallée (1804-1806) fait acheter deux tableaux pour la somme de 60 livres ainsi qu'un tapis pour le choeur. En 1805, on réussit à finir la voûte de la chapelle, au prix de 288 livres: le tout sous la surveillance de l'ex-bedeau Louis Racette devenu marguillier en charge et du marchand Jean-Baptiste Desforges.

Lors de sa visite, en 1809, l'évêque ordonne que l'on fasse un second fauteuil à grille pour les confessions d'hiver dans la salle des habitants. On mit trois ans à l'acheter. Cependant, on ajoute, la même année, un ornement rouge pour les solennités et le bedeau Racette étrenne une magnifique robe pour Noël: indice d'un culte certain pour le cérémonial. L'année suivante, en 1810, on se procure un ostensoir d'argent au coût de 588 livres.

Cependant, un embryon de village se forme autour de l'église et une nouvelle vie communautaire s'organise. Tous y contribuent, du bedeau au chantre, des hommes de métiers aux professionnels sollicités pour le service de l'autel et le chant à l'église. Le microcosme s'anime. La mission joue déjà un rôle dans la société hilairemontaise. Des artisans s'y établissent; le notaire Letêtu s'affaire à rédiger actes et contrats. Il y a à côté de l'église le magasin général de Louis Cartier qui fournit l'essentiel à l'entretien du culte. La femme du bedeau Racette est la blanchisseuse attitrée...

La quiétude du milieu contribue peut-être à la longévité des citoyens: la veuve de Pierre Gagnon dit Larose meurt le 15 janvier 1810 à l'âge de 96 ans. La même année s'éteint la veuve en seconde noces de Laurent Viau, à l'âge de 98 ans.

Le notaire Letêtu s'éteint, lui aussi, à l'âge de 71 ans. Il était un notable: médecin, notaire, établi à Rouville depuis 1781, notaire des seigneuries de Rouville, Delorme (Saint-Hyacinthe), Beloeil et Saint-Charles. Il avait épousé Josephte, fille du seigneur Massue de Varenne. Ils eurent un fils, Charles-François, cultivateur, qui épousa à Saint-Hilaire Julie Nadeau. Son petit-fils épousa en 1837 Albine Vandandaigue et demeura à Saint-Hilaire. Sa fille, Esther, épousa à Beloeil le notaire Th. Lemay-Delorme de Sainte-Marie de Monnoir. Le notaire Letêtu fut le porte-parole de la communauté dans ses nombreuses démarches pour fonder la paroisse. Sa terre était voisine de l'église, du côté nord de la rue Saint-Henri.

Carte de Joseph Bouchette. Topographic map of the district of Montréal, 1831. Archives publiques du Canada.

Qu'advient-il des paroissiens des Étangs?

Le géographe Joseph Bouchette, à la suite d'une visite de la seigneurie de Rouville, décrit en 1815 les routes comme suit: *Les routes qui conduisent le long du rivage du Richelieu et des deux côtés de la rivière des Hurons sont bonnes...* Il ne mentionne aucune communication entre Saint-Hilaire et Saint-Jean-Baptiste par la montagne. On doit en déduire que les deux paroisses de la seigneurie de Rouville communiquent seulement par les routes qui longent les deux cours d'eau.

Cette constatation est une illustration du fait que la seigneurie de Rouville fut développée d'une façon quelque peu anarchique, en l'absence d'une autorité seigneuriale responsable. Le seigneur Jean-Baptiste-Melchior Hertel de Rouville habitait Chambly.[3] Lorsque son fils, Jean-Baptiste-René, devient le cinquième seigneur en 1817 et décide de venir habiter sa seigneurie, il sera le premier à le faire. Sa détermination ne pourra pas venir à bout de toutes les difficultés. Sa population de censitaires est dispersée et la situation est irréversible. Il se heurtera, en particulier, à l'obstination des habitants des Étangs.

Ils sont une douzaine de fidèles - dans ce troisième rang - isolés par la distance et l'absence de route. Ils profitent de la proximité - relative - de l'église des Hurons et persistent à se réclamer de cette paroisse. Ce sont Denis Millet, François Halde, Joseph Desroches, Jean-Baptiste Noiseux, Louis Pion, François Morier, Jos Chartrand, Jean-Baptiste Gibouleau, Charles Beaudreau, Pascal Gabouneau, Jos Brouillet et Pierre Galipeau. Mgr Plessis avait, le 15 juin 1825, accordé une tolérance à ces habitants: ils pouvaient être desservis par Saint-Jean-Baptiste. Cette tolérance incite ces gens à se bâtir à l'extrémité est de leur terre: c'est assurément plus commode; la route y est plus facile à faire et les terres sont de ce côté moins accidentées et plus propres à la culture; les prairies sont déjà ouvertes aux pâturages et les moulins sont à leur portée. Bref, ils sont mieux servis que ceux du bord de l'eau. Voilà trente ans que ça dure: ils n'ont jamais fourni à la paroisse Saint-Jean-Baptiste ni à celle de Saint-Hilaire, les privant d'un revenu qui aurait pu aider à la subsistance de deux pasteurs résidents au lieu d'un seul. Bien plus, ils ne cessent de harceler l'évêque pour obtenir leur annexion définitive à Saint-Jean-Baptiste, ajoutant ainsi à l'exaspération de M. de Rouville qui, de son côté, supplie l'évêque d'accorder à Saint-Hilaire un curé résident.

Le seigneur René Hertel de Rouville

Jean-Baptiste René Hertel, cinquième seigneur de Rouville, (1816-1844). Coll. Musée McCord.

René Hertel de Rouville succède à son père Jean-Baptiste-Melchior Hertel de Rouville en 1817, après la mort de ce dernier. Il s'établit, temporairement semble-t-il, dans une modeste maison de bois située sur un domaine de 614 arpents en superficie que son père avait racheté à cette fin. Il est le premier de sa famille à s'établir dans la seigneurie de Rouville. Ses multiples interventions pour obtenir un curé résident nous laissent croire qu'il y vint, avec sa jeune femme, peu après la mort de son père en 1817. En 1819, il agrandit sa maison pour en faire son manoir et, à partir de ce moment, on retrouve des actes passés en son manoir de Saint-Hilaire où les censitaires s'acquittent désormais de leur cens et rente, à la Saint-Martin.[4]

Il y a beaucoup à faire: M. de Rouville s'ingénie à réparer les moulins, à en construire de nouveaux en bordure de la décharge du lac. Il ajoute un deuxième traversier à proximité de son manoir... Toutes ces dépenses ébranlent sa situation financière. Il lui faut y remédier. D'abord, hâter le peuplement de son territoire. Il y réussit: ses efforts s'inscrivent dans une brusque augmentation de la population qui passe de 772 âmes, en 1820, à 1 200 âmes en 1825. Puis, stabiliser cette population en lui obtenant un curé résident et en construisant une église convenable dont ils seront fiers: deux facteurs qui, impossible d'en douter, contribuent au développement et à la prospérité d'une seigneurie.

Le manoir de Rouville tel qu'il apparaît sur une gravure de Charles Grehen en 1841.

À cette même époque, rien n'est stable du côté de l'autorité religieuse. De 1820 à 1824, les desservants se succèdent à un rythme accéléré. La mort de Messire L.A. Prévost et son remplacement par Messire P. Robitaille, puis par Messire A.T. Lagarde et enfin par un huitième desservant, Messire J.B. Bélanger, retardent les procédures d'érection canonique de la paroisse et, de ce fait, la construction d'une église.

Le seigneur René Hertel de Rouville devient, en l'absence d'une autorité religieuse réelle, le factotum de l'administration temporelle de la paroisse. C'est avec lui que commencent les démarches pour la construction de l'église. Avec une verve fougueuse, il écrit d'interminables lettres à son évêque. À elles seules, les archives de l'évêché de Saint-Hyacinthe en comptent vingt-cinq, de 1825 à 1843. Le contenu de ces lettres nous permet de reconstituer toute cette période de l'histoire de la paroisse Saint-Hilaire. (Le courrier de l'époque offrait un service comparable à celui d'aujourd'hui: il fallait quelques jours pour une distance de plus de 100 milles et il en coûtait 16 à 18 sous par lettre.)

Mgr Bernard Claude Panet, évêque de Québec de 1825 à 1833.

Mgr Joseph Octave Plessis, évêque de Québec de 1806 à 1825.

Un chemin qui fait la différence

Pour construire l'église et entretenir un curé, les paroissiens de Saint-Hilaire ont besoin de ceux des Étangs. Le seigneur s'attaque résolument à cette situation et Mgr Panet (v. annexe N), qui succède à Mgr Plessis décédé le 4 décembre 1825, cède à ses instances. Au printemps 1826, il écrit à Messire Gagné, curé de Saint-Jean-Baptiste, *qu'il est nécessaire de remettre les habitants des Étangs à Saint-Hilaire qui demande l'érection canonique, afin d'aider ces gens à bâtir leur église.* Le seigneur offre de leur donner un chemin qui les reliera à la première concession du bord de l'eau.

44

Dans une des multiples requêtes d'annexion à Saint-Jean-Baptiste, ceux des Étangs soutiennent que *il leur serait bien plus difficile d'envoyer leurs enfants au catéchisme en cette paroisse (Saint-Hilaire), vu la longueur du chemin de la montagne sans maison et la hauteur énorme où il est établi, et là où il y a des maisons et des vergers, ces enfants seraient tentés de voler des pommes.*

M. de Rouville est déçu: impossible dans ces conditions d'entreprendre la construction de l'église. Lorsque, en 1827, les limites de la paroisse sont enfin établies par l'action d'érection de la paroisse, il croit toucher son but. Le décret dit en effet:

> *... En conséquence nous érigeons en titre de cure et de paroisse sous l'invocation de Saint Hilaire le confesseur, évêque de Poitiers, une partie de la seigneurie de Rouville, comprenant une étendue de territoire d'environ six milles de front le long de la rivière Richelieu, sur trois milles de profondeur, c'est-à-dire les trois premières concessions de la dite seigneurie, bornée au sud par la ligne seigneuriale de Chambly, au nord-est par la ligne seigneuriale de Saint-François le Neuf, au nord-ouest par la rivière Richelieu et au sud-est par la profondeur des terres de toute la troisième concession.*
>
> *Donné à Québec, le 24 février 1827*
> *Bernard Claude, Évêque de Canathe de Québec.*

M. de Rouville projette alors de construire un chemin qui réunira les trois premières concessions et qui facilitera l'accès de toute la paroisse à l'église projetée à la première concession. Mais un autre conflit surgit au sujet de ce chemin. Ceux des Étangs allèguent que:

> *... ce nouveau chemin offert par M. de Rouville était aussi long que celui de la montagne, et pour arriver à ce chemin il leur faudrait acheter un terrain de trente arpents de profondeur... Ce chemin long de soixante arpents pour rejoindre les Trente, presque tout en bois de hautes futaies et rempli de racines, sera très difficile à défricher et d'un entretien très dispendieux...*

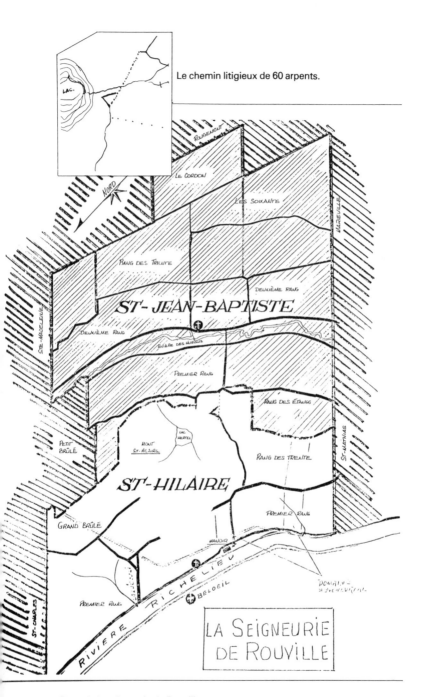

Le chemin litigieux de 60 arpents.

Carte de la seigneurie de Rouville.

M. de Rouville prétend au contraire que ce terrain est au bout de son domaine et sur les propres terres des intéressés. Ce chemin devait sans doute se rendre aux moulins mais n'atteignait le rang des Étangs que sous forme de sentier non carrossable et cette différence représente les trente arpents du litige. (Voir carte.) Les gens des Étangs refusent de se soumettre au dernier décret et ne veulent rien entendre. L'évêque se laisse donc fléchir par leur dernière requête dont l'argument décisif soulignait les difficultés que suscitait le chemin promis. Il annonce à M. de Rouville son intention de permettre à ces gens d'être desservis temporairement par le curé de Saint-Jean-Baptiste.

Le seigneur était sûrement un homme sincère et de bonne foi mais son ardeur et son intransigeance militaire, ignorant la modération, venaient en conflit avec le style épiscopal et ne faisaient que grossir les difficultés. Vif et autoritaire, il supportait mal qu'on ne reconnût pas le bien-fondé de ses réclamations. Sans doute avait-il raison mais cette rudesse de style jouait contre lui. La décision de l'évêque le fit voir sous son vrai jour. Sans tarder, le 22 février 1828, il répond à l'évêque sur un ton plutôt cavalier. Nous reproduisons ici, partiellement mais textuellement, sa lettre après en avoir rétabli l'orthographe :

> ... si ces habitants s'étaient bâtis comme les autres à ce bout ici de leur terre, ils n'auraient que soixante arpents de descente pour se rendre à la rivière Richelieu, tandis qu'étant bâtis à l'autre bout, ils en ont quatre-vingt-dix. Tous ces gens-là ne se sont bâtis ainsi que depuis que Votre Grandeur a bien voulu avoir la bonté de leur permettre (en 1818) d'être desservis par Saint-Jean-Baptiste. Voilà le bien que Votre Grandeur a fait à notre paroisse en ayant une aussi grande bonté pour eux. Si Votre Grandeur nous retranche ce rang nous pourrons faire notre sacrifice pour la bâtisse d'une église et j'espère de n'avoir jamais un curé vu que cette paroisse sera trop petite pour bâtir et faire vivre un prêtre, et nous décider d'être à la merci des autres paroisses pour faire notre religion. Ce ne sera rien de nouveau pour nous car nous y sommes accoutumés. Je suis surpris seulement que les gens fassent encore aussi bien leur devoir, traités comme ils l'ont toujours été, il faut qu'ils aient beaucoup de religion pour en agir ainsi.

> *Quant à moi, de ce moment je résigne comme premier syndic de la bâtisse de l'église et renonce au privilège d'un curé, et tâcherai de m'arranger comme je pourrai et je me flatte que les autres en feront autant.*
>
> *Quant à l'érection de la paroisse pour ici nous n'en avons aucunement besoin, vu que nous sommes toujours destinés à être mission. C'est pourquoi je préviens Votre Grandeur aussi de ne point faire fond sur moi là dessus. Quand il plaira à l'Être Suprême de jeter sur nous un regard de pitié et de nous donner un curé résident, alors il sera temps à nous de faire tout notre possible pour mettre ce pasteur aussi bien qu'il sera en notre pouvoir de le faire...*

En dépit de cette boutade, l'évêque accorde à la minorité des Étangs la faveur d'être desservie pendant une autre année aux Hurons jusqu'à ce que le chemin en question devienne réalité, et il en fait part au seigneur: ce qui fait sortir M. de Rouville de ses gonds. Le 1er juillet, il riposte par une diatribe de cinq pages:

> *... ce chemin, ils (ceux des Étangs) ne l'auront jamais, vu qu'il est de leur intérêt de n'en pas faire, et moi pour leur en faire un, c'est ce que je ne ferai certainement pas.*
>
> *Je me désiste tout à fait de toute charge que je peux avoir, et je ne veux plus, je vous le jure, me mêler de rien du tout, excepté que ce soit dans l'opposition, ce que je ferai avec plaisir, persuadé que je rendrai service à mes habitants.*
>
> *De plus, je préviens Votre Grandeur, que j'encouragerai les gens à ne point payer, ni bâtir, afin de ne rien faire qu'ils ne soient desservis tel qu'ils ont droit de l'être, et tel que toutes les autres paroisses le sont. Je crois qu'il n'y a pas une autre paroisse dans ce diocèse desservie comme celle-ci, aussi mal. Une messe paroissiale une fois le mois, de grand matin, la moitié des gens ne peuvent l'entendre, et l'office va trop vite...*

Il crie à l'injustice en citant *... d'autres paroisses nouvelles qui ne valent et ne méritent pas autant qu'elle...* et reproche à l'évêque de vouloir *... les amuser avec de belles* *promesses sans jamais en mettre à exécution... mes gens ne veulent pas payer mieux qu'ils ne sont desservis...*

L'infatigable seigneur se heurte aux autorités religieuses pauvres en prêtres et en argent et mal supportées par une population pauvre elle aussi, illettrée et trop habituée à la liberté pour se plier à une discipline collective. Tandis que les deux premières concessions du Richelieu livrent une lutte d'influence, le troisième groupe, celui des Étangs, jouera de cette situation pour échapper aux charges paroissiales.

Au cours de la seconde visite pastorale de Mgr Lartigue, en 1828, une ordonnance dénonce cette absence de conscience communautaire pour l'entretien de la maison du culte et il ordonne:

> *... qu'il y ait pour la paroisse un bedeau particulier et un autre que celui de Beloeil, qui soit chargé de veiller au soin du presbytère, et que la lampe soit allumée jour et nuit devant le Saint-Sacrement.* [3] Et lors de la même visite:*... que les trous de la clôture du cimetière soient fermés pour tenir les animaux à l'écart. Que le parement soit réparé...*

(Les cimetières étaient à l'époque enclos par des murs et cette coutume reprenait en cela la tradition européenne.) Il renouvelle une dernière ordonnance, qui n'a pas été exécutée, pour que l'on fasse à l'avenir des actes authentiques et par écrit de l'adjudication des bancs dans l'église. Il y a, semble-t-il, absence totale de rigueur administrative et peu de conviction religieuse.

Le chemin de la montagne

D'une part, le projet de construction de l'église se concrétise, animé par le seigneur: à la fin de janvier 1830, on s'affaire à sortir le bois et extraire la pierre de la montagne; d'autre part, Messire Bélanger, curé de Saint-Matthieu, s'inquiète puisqu'il n'y a encore aucun chemin d'ouvert vers le bord de l'eau pour la poignée d'habitants des Étangs. Il rappelle à l'évêque qu'il serait temps que ces gens s'adressent dorénavant à leur paroisse.

Cependant, il devient évident que ce chemin sert de prétexte pour gagner du temps. Si les gens des Étangs ont gain de cause, il faudra renoncer à bâtir une église pour une paroisse ainsi amputée du tiers de ses membres et incapable de faire vivre un curé. Les paroissiens du Richelieu ont, de leur côté, la ferme espérance d'avoir le curé que Mgr Plessis et Mgr Lartigue leur ont formellement promis.

Le 15 février, un mandement de Mgr Panet ordonne aux récalcitrants des Étangs de s'adresser désormais à Saint-Hilaire pour leurs besoins religieux, en dépit des difficultés de communication. Malgré ce mandement, les Étangs ne se tiennent pas pour battus et ils soumettent une troisième requête signée de dix-sept d'entre eux. Ils allèguent que leur rang contient 23 terres dont 13 sont "établies" et 10 emplacements; qu'ils ne sont qu'à 45 arpents de l'église Saint-Jean-Baptiste, mais à une lieue [4] et 58 arpents de l'église de Saint-Hilaire. Ils consentiraient à payer une répartition à Saint-Hilaire, à la condition d'être desservis aux Hurons. De toute évidence, les Étangs choisissent la résistance passive.

Le sieur Jean-Marie Tétro-Ducharme, cardeur, dont la terre longe le chemin projeté, est le plus redoutable. Il mène une lutte sourde, incessante, pour convaincre les autres des Étangs de ne pas céder. Les paroissiens du bord de l'eau utilisent une ruse subtile pour ralentir ses ardeurs antagonistes. Le 30 décembre, ils élisent ledit Jean-Marie Tétro-Ducharme marguillier de la paroisse Saint-Hilaire. L'élu riposte par un refus tapageur et laisse entendre qu'il est prêt à plaider pour être libéré de cette charge. Or cette ruse, c'est connu, est infaillible: le sieur Tétro-Ducharme apprend qu'il est forcé d'accepter, telle est la loi. Informé que l'autorité diocésaine a son dossier en main, il suit le conseil d'un juriste, il capitule et se soumet. Sa soumission est acceptée moyennant une amende qu'il paie volontiers pour classer l'affaire. L'événement, programmé comme on dirait aujourd'hui, permet un certain répit pendant lequel il sera mis un peu d'ordre dans toute cette histoire.

La dîme [5] et le tiers de l'évêque

La dîme existait en France, avant d'être établie au

Canada, comme moyen de subvenir à l'entretien des curés de paroisses. Institution humaine, elle a toujours suscité de légitimes griefs. Elle n'a jamais été comprise comme un devoir de conscience. À cause du manque d'empressement des habitants, Mgr de Laval dut l'imposer, mais c'est l'Acte de Québec qui en établit la légalité en 1774[6].

Sous le régime français, le clergé tente de porter l'assiette de la dîme au treizième des revenus des grains, des légumes et des fruits, mais il n'obtient rien au-delà d'un droit sur le vingt-sixième minot des seules récoltes de grains, en argent ou en nature, à charge du curé d'en assumer la perception. L'intendant Talon dut intervenir: du treizième minot, il réduisit la dîme au vingtième puis au vingt-sixième de tous gains.

Cet impôt était prélevé sur la production de l'habitant et se traduisait généralement en minots de *bled froment*: c'était la denrée d'échange par excellence. Le cens était également payé en bled au seigneur. La dîme, inévitablement prélevée avec l'arrivée d'un curé dans une paroisse, devint le sujet d'un constant rappel à l'ordre.

La question d'un curé à Saint-Hilaire fut l'objet de longues négociations, de marchandages, de compromis qui avaient fini par émousser l'enthousiasme des débuts. Pendant vingt ans, les paroissiens de Saint-Hilaire semblent avoir coulé un bonheur presque parfait, se contentant d'une desserte irrégulière et d'une grand'messe un dimanche sur quatre. Pourtant, dès 1800, ils ont demandé un curé et presque tous les évêques leur en ont promis un, de Plessis à Panet et à Lartigue. Leur statut de desserte finit par les lasser et par refroidir leur ferveur.

Cependant, traverser à Beloeil pour les baptêmes, mariages et catéchismes les séduit de moins en moins et ils réclament avec une nouvelle insistance la présence d'un curé chez eux. Hors cela, un curé serait d'un grand secours pour diriger la construction de leur église et réduire les délais par une meilleure coordination des travaux. Toujours de la partie, M. de Rouville a déjà suggéré plusieurs prêtres qu'il savait en mal de cure et qui avaient sollicité son intercession auprès de l'évêque. D'autres aspirants accepteraient aussi... *à condition que le tiers de l'évêque en fût ôté.* Quel est ce tiers?

Mgr Lartigue avait obtenu du Saint-Siège, par le rescrit du 18 juillet 1821, une pension constituée du tiers de la dîme des paroisses, y compris celle de Saint-Hilaire, lors de son élévation comme évêque de Telmesse: tiers exigible à tous les 15 mai de chaque année. On ne sut jamais si l'on devait louer le sens des affaires de Mgr Lartigue. Ce qui est certain, c'est que les questions temporelles ont toujours été traitées péniblement entre lui et le seigneur de Rouville.

Le malaise est évident: M. de Rouville est déçu des procédés de Mgr Panet, dont les interventions sont contraires, selon lui, aux intérêts spirituels et temporels de sa paroisse. Brouillé avec l'évêque de Québec, il s'adresse maintenant à son auxiliaire de Montréal et lui assure que les siens sont maintenant *prêts d'accepter toutes les conditions qu'il sera nécessaire de leur imposer.* Mgr Lartigue réfère la demande à l'évêque de Québec, tout en lui soufflant la réponse ... *qu'il y aura un curé quand l'église sera bâtie...* et il promet au requérant d'en parler à l'évêque de Québec... *pour vous rendre justice...*, écrivait-il. Ces attitudes apparemment contradictoires s'expliquent peut-être par la crainte qu'il a d'y perdre son tiers, si la paroisse ne réussit pas à soutenir un curé.

Et cette correspondance s'éternise sur le même ton jusqu'en 1820, période fertile en pourparlers où on traite d'église, de curé et de dîme, sans jamais en venir tout à fait à une entente.

Au mois de juin, on travaille aux fondations de l'église. Un vent d'espérance anime les organisateurs, une poignée d'âmes d'élite, mais il n'y a pas de coordonnateur des travaux, personne pour recevoir les matériaux qui arrivent de toutes parts, ou pour surveiller la façon. C'est alors que François L'Heureux, né en 1806, fils du capitaine de milice de la paroisse, Gabriel L'Heureux, vient d'être ordonné prêtre. Le capitaine L'Heureux était un habitant très à l'aise et fort généreux. Il fait part à M. de Rouville qu'il offre de garantir personnellement à son fils tout ce que la cure ne pourra lui donner, s'il est nommé curé. Le seigneur en informe l'évêque et ajoute qu'il croit que les propriétaires de vergers consentiront à donner la dîme de pommes si l'évêque l'exige.

Mgr Panet, consultant toujours son auxiliaire de Montréal, soumet à Mgr Lartigue l'offre du seigneur au sujet de la dîme de pommes et il ajoute ... *pour moi je préférerais la dîme de patates...*

Ainsi se prolongent ces tergiversations autour du peu de

moyens que possèdent les paroissiens pour assurer à un curé un soutien honnête et suffisant.

Saint-Hilaire se concerte pour aviser d'un nouveau moyen d'assurer à un curé résident une sécurité matérielle acceptable. Le seigneur transmet le résultat des délibérations à l'évêque, le 24 août, et rapporte qu'il consent à combler lui-même tout déficit en blé mais à la condition bien expresse que Mgr Lartigue n'ait pas son tiers à recevoir, et il croit juste que tout surplus lui revienne:

> *La paroisse s'engage à donner annuellement 400 minots de bled et 250 à 350 minots de pommes; et cette dîme ne peut faire qu'augmenter tous les ans par la grande quantité de vergers qui s'établissent.* Et le seigneur rajoute: *Il ne faut pas qu'une cure fasse la fortune d'un curé; qu'elle lui donne de quoi vivre c'est tout ce qu'il faut.*

Et aux commentaires qui suivent, on sent sa légitime inquiétude sur l'issue de ses démarches. Ses moyens personnels sont limités et il ne voudrait pas encourir inutilement des dépenses pour la construction de l'église. On se ressent aussi des contre-coups d'une crise qui sévit depuis 1826 et qui durera plusieurs années.

Mgr Panet consent finalement à montrer un peu de sympathie pour la persévérance et les sacrifices de M. de Rouville, mais il se déclare dans l'impossibilité de lui donner un curé. Nous sommes en 1831. Le désappointement de M. de Rouville devait s'exprimer par cet écrit. Il ne peut s'empêcher de croire que c'est Mgr Lartigue qui a fait rater le coup et il poursuit:

> *Je ne vois qu'un moyen à Sa Grandeur de se retirer de ce faux pas. C'est de permettre à Messire Odelin, qui est actuellement chez Messire Bélanger, de dire la messe et de faire les baptêmes et les enterrements de la paroisse...*

Le retard à leur accorder un meilleur service indispose les hilairemontais et refroidit leur ferveur. Ils refusent de payer pour une église vide. Ils écrivent à l'évêque que la desserte est une honte puisque les habitants plus proches ont peine à se rendre à temps pour l'office mensuel et qu'ils paient leur banc dans une chapelle qui ne sert que très peu. Ils doivent aller *traîner les allées* et être très mal servis dans l'église de Beloeil. Ils supplient en outre l'évêque d'ordonner que leurs mariages et leurs baptêmes se fassent dans leur paroisse, sinon les gens pourraient bien refuser de payer leur dîme.

Le notaire Coursolles, disait M. de Rouville dans cette lettre du 20 décembre, avait exprimé l'opinion de tous les paroissiens, à l'exclusion de ceux des Étangs, bien entendu.

L'autorité épiscopale leur avait finalement promis une amélioration du service de leur desserte. Mais l'expérience leur avait enseigné de ne cesser les pressions que devant le fait accompli. Il y eut en effet encore d'interminables échanges de correspondance. Le seigneur de Rouville avait voulu, dans ces échanges, disculper Messire Bélanger, curé de Beloeil, en disant de lui:

> ... *sa santé ne lui permet pas de faire plus. Si j'ai un reproche à lui faire c'est de trop se risquer sur les mauvaises glaces pour venir ici.*

En apprenant que le choix du nouveau curé est à la discrétion de l'évêque de Montréal, M. de Rouville croit difficilement au succès de ses démarches.

Il voyait juste car, en septembre, Mgr Lartigue exige des paroissiens un engagement écrit à assurer un traitement convenable et suffisant au curé qui leur serait donné. Or ceux-ci refusent. La réaction de l'évêque de Montréal est vive et il informe Mgr Panet que

> ... *les habitants de Saint-Hilaire, s'étant refusés à assurer par écrit à leur pasteur futur la dîme de pommes, ou 400 minots de bled, ou 100 livres, ils doivent décidément n'avoir pas de curé cette année car ils se sont montrés insolents et sans aucune volonté dans cette affaire, Messire Bélanger est déclaré incapable de biner tous les 15 jours...*

En dépit de l'opposition obstinée de son suffragant, Mgr Panet a meilleure opinion des orphelins de Saint-Hilaire et c'est avec la conviction qu'ils s'exécuteront et accueilleront généreusement leur nouveau curé qu'il prie l'évêque de Montréal de donner mission à Messire Odelin pour cette paroisse.

Mgr Lartigue demande donc à Mgr Panet de faire connaître à Saint-Hilaire qu'il s'est rendu aux voeux de cette paroisse dès qu'il a appris qu'elle s'était engagée à fournir un revenu honnête et suffisant à son nouveau curé, Messire Odelin et que Messire Théophile Durocher soit nommé en même temps à Saint-Matthieu, avec son tiers sur Beloeil seulement.

Ainsi fut-il fait.

Sept fermes déjà en place s'écrasent dans la cave... (photo J. Philion)

1. Voir annexe L. Liste des marguilliers.
2. Cette date a été changée pour le 13 janvier, en 1977, lors de la réforme du calendrier liturgique qui a suivi Vatican II.
3. CARDINAL, Armand, *Les seigneurs de Rouville*, Éd. du Jour, 1980.
4. La dîme devait se payer le jour de la Saint-Michel, le 29 septembre, au presbytère, tandis que les cens et rentes se payaient le jour de la Saint-Martin, le 11 novembre, au manoir seigneurial.
5. Une lieue égale 84 arpents ou 2,76 milles. La distance en cause se traduit par 9 kilomètres.
6. PAQUET, Mgr L.A. "La dîme", *Mémoires et comptes rendus de la S.R.C.*, t. 5, mai 1911.

Le Chemin de la montagne en descendant vers Saint-Jean-Baptiste était le chemin en litige promis par le seigneur.

CHAPITRE
TROISIÈME

La construction de l'église

La construction d'une église était au XIXe siècle l'expression de la volonté d'un groupe de chrétiens de se constituer en paroisse et le signe visible de leur capacité d'assumer l'entretien d'un curé. Encore fallait-il que l'évêque acquiesce et leur envoie ce curé. À Saint-Hilaire, rien ne se passe comme ailleurs. La construction de l'église, marquée de difficultés inusitées, s'échelonne sur plusieurs années à partir de 1818. Elle traverse des périodes de crise économique et de troubles politiques; elle est jalonnée de conflits entre l'autorité ecclésiastique et la volonté impatiente du seigneur nouvellement présent dans sa seigneurie, et ralentie par l'empressement mitigé des paroissiens.

Le seigneur René Hertel de Rouville est à peine établi à Rouville, son territoire, qu'il commence des démarches pour la construction de l'église. Nous sommes en 1818: le presbytère-chapelle de Saint-Hilaire abrite chaque dimanche les paroissiens de Saint-Matthieu de Beloeil, depuis l'incendie de leur église; le curé Durocher officie et sa soeur Eulalie l'assiste comme sacristine. La population de la paroisse Saint-Hilaire augmente et les trente-quatre bancs du presbytère-chapelle sont encombrés. Le bourg du village existe déjà, puisqu'il est question dans certains actes de concession des emplacements de Joseph Helman, Joseph Garneau, François Despatis, Joseph Seeling, engagé, Jean-Marie Rose, menuisier, François Rose, forgeron, tous situés autour de l'église et de ce qui sera le coeur de la localité pendant un siècle et plus. Les efforts concertés de tous les habitants de la seigneurie auraient suffi à élever un temple fort convenable en peu de temps, mais nous avons vu, au chapitre premier, comment la montagne fut en quelque sorte à l'origine de la formation de deux paroisses au lieu d'une, dans la seigneurie de Rouville. Nous savons aussi que la résistance des habitants des Étangs s'est ajoutée aux difficultés matérielles réelles des paroissiens des deux premières concessions et de la montagne.

Il faut un terrain plus grand

Le terrain de la fabrique sur lequel est érigé le presbytère-chapelle (voir annexe A) n'a qu'un arpent de front sur six de profondeur. Il est trop étroit pour recevoir une autre construction près de la rivière. Il devient nécessaire d'acquérir du côté sud le terrain adjacent, propriété de Charles Maillet cultivateur [1]. Le 9 novembre 1819, on fait l'achat d'un demi-arpent de front, le long du terrain de la fabrique, depuis la rivière jusqu'à l'alignement de la clôture du cimetière, pour la somme de 238 livres [2]. Les signataires de la requête autorisant l'achat du terrain représentent la moitié des propriétaires, résidant ou non dans la paroisse. Ils promettent spontanément des bâtiments et des revenus convenables pour un curé. Or la réponse de l'évêque de Québec, à savoir qu'il s'écoulera bien des années avant qu'il soit possible d'envoyer un curé à Saint-Hilaire, fait que l'achat du terrain Maillet devient inutile. Le vendeur ne s'empresse pas de le livrer et, en 1825, il est toujours entre ses mains. Il l'a même enclos comme si de rien n'était.

La fabrique doit le racheter, cette fois pour la somme de 150 livres, devant maître Gamelin Faucher et, quelques années plus tard, le 15 juin 1831, elle le fait chaîner et borner. Et afin de contourner le refus de l'évêque, la fabrique donne procuration à M. de Rouville d'obtenir la délivrance immédiate du terrain de Charles Maillet et de Josephte Vadeboncoeur, son épouse. Le 5 mars 1822, M. de Rouville achète donc le même terrain, borné tel que décrit dans l'acte précédent du 9 novembre 1818, et le donne à la fabrique aux mêmes conditions que celles que mentionnait l'acte de 1799 pour le terrain du presbytère-chapelle.

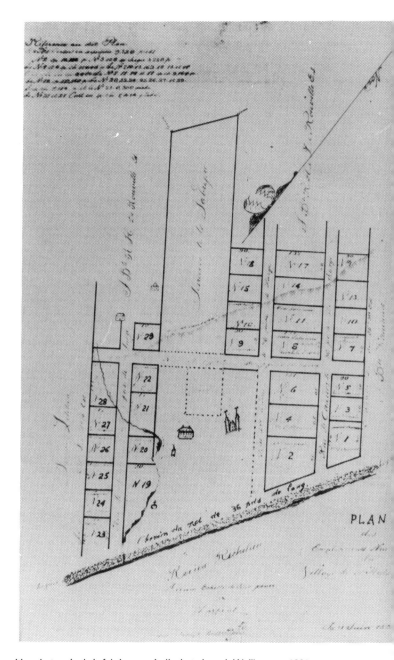

Disposition du terrain de la fabrique après l'achat. Joseph Weilbrenner 1831.

59

Requête pour la construction de l'église

Ce n'est pas le curé, puisqu'il n'y a pas de curé, ce n'est pas non plus le desservant de Saint-Matthieu de Beloeil, ce ne sont pas les marguilliers, mais c'est le seigneur qui, le 11 décembre 1824, réunit les principaux habitants de la paroisse, nommément Gabriel L'Heureux, François Authier, Jos Boissy, Antoine Authier, Toussaint Charron, Toussaint Auclair, Jos Jeannotte, Jean L'Heureux, Isidore Authier, François Côté, Jos Plamondon, Jean Vallière, Louis Plamondon, Ambroise Desautels, Charles François Letêtu et Clément Gosselin, devant le notaire Th. Lemay. Ils conviennent de bâtir une église de 90 X 45 pieds, avec une sacristie de 30 X 24 pieds.

Ils organisent sur-le-champ une souscription de 4 000 livres: Mme de Rouville pour 25 livres, Jos Plamondon 12 livres 10 chelins, Jos Rousseau 6 livres 5 chelins, Alphonse Dumon 5 livres, Messire Bélanger 5 livres, John Murphy 5 livres, Jean-François Brodeur, capitaine, 4 livres, Gabriel L'Heureux 5 livres et Français Auclair 5 livres.

Le lendemain, 12 décembre, 126 propriétaires sous-crivent 287 livres 17 chelins et appuient une requête demandant la construction d'une église. La présence des sinistrés de Beloeil qui grossissent leurs rangs sert bien leur argument majeur, à savoir que leur chapelle est trop petite, mais ils veulent aussi préserver de la ruine leur presbytère sans curé qui a peu servi depuis sa construction en 1798.

Mgr Plessis permet de commencer les travaux avant l'érection canonique dont les procédures sont amorcées. Ainsi, les paroissiens de Saint-Hilaire pourront-ils profiter de la saison d'hiver pour amasser les matériaux et faire les préparatifs nécessaires. Le curé de Varennes, Messire F.J. Deguire, est désigné pour marquer la place et les dimensions de l'église. Le 15 juin 1825, au sud du presbytère, en présence des parois-siens, il plante la croix rituelle et, à la demande de la majorité des contribuables, il statue dans son rapport les dimensions de la future église: 150 pieds X 50 pieds, mesures extérieures. Mgr Lartigue, il fallait s'y attendre, juge ces dimensions trop grandes et recommande 120 pieds pour l'église et la sacristie ensemble. Le 3 septembre, Mgr Plessis approuve le site et il décrète que l'église aura 100 pieds de long et la sacristie adossée au sanctuaire, 20 X 30 pieds.

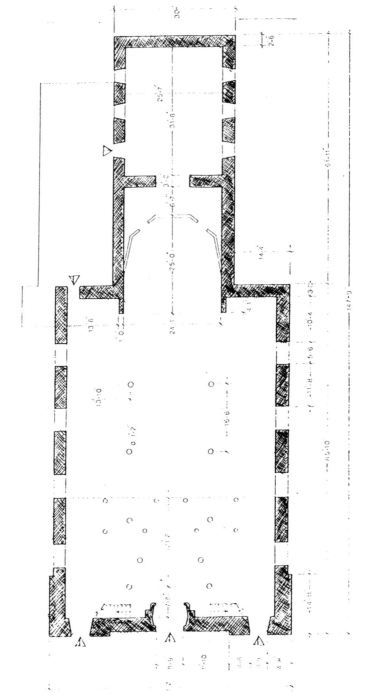

Plan de l'église actuelle de Saint-Hilaire.

Les travaux de construction

On avait en 1825 provisoirement établi le coût de la construction de la façon suivante: maçons 12 000 livres; charpentiers 8 000 livres; bardeaux 2 000 livres; fer blanc et vitres 300 livres; menuiserie 6 000 livres; peinture et plâtre 1 000 livres; frais de répartition 2 400 livres; faux frais 4 000 livres; clous 4 000 livres; soit une somme ronde de 50 000 livres à être perçue en cinq versements.

On commence à tirer des matériaux du bois et de la montagne dès 1826, en s'appuyant sur la promesse de Mgr l'Évêque. Cette année-là, la construction à Beloeil du presbytère actuel met dans l'air une note d'optimisme et est une inspiration pour les paroissiens de Saint-Hilaire.

En 1826, on construisait à Beloeil le presbytère actuel. Coll. Notman.

Il faut aussi percevoir la quote-part de matériaux du rang des Étangs. Ces gens doivent être sollicités avec circonspection. Le capitaine Gabriel L'Heureux et les sieurs Clément

Gosselin et Auguste Goulet sont désignés, en novembre, pour obtenir leur appui à l'acte d'accord et leur contribution en matériaux. Conclusion de la démarche: aucun ne consent à souscrire à l'entente et ils ne fourniront des matériaux que si l'évêque de Québec les presse de le faire. Leur détermination est ferme.

Cet échec n'empêche pas, à l'automne, Messire Bélanger, toujours desservant de Saint-Hilaire à partir de Beloeil, de réunir les habitants pour le choix des syndics qui seront chargés de recueillir les souscriptions. On pouvait s'y attendre: le colonel René Hertel de Rouville est élu pour sur-veiller les travaux et diriger l'équipe des syndics; le capitaine Gabriel L'Heureux, riche cultivateur, représente le bord de l'eau du côté sud, le capitaine François Authier, le deuxième rang, le sieur Jos Plamondon, le troisième rang et les Brûlés; le sieur François Leduc père, la montagne et Jean-Marie Gibouleau, les Étangs. Le seigneur de Rouville ne ménage ni son ardeur ni son dévouement à la cause, mais il rencontre plus de déboires que de gloire, ainsi que sa correspondance avec les autorités ecclésiastiques le révèle. Il en revient sans cesse à *son église*, donne des détails sur l'état des travaux. Le 6 novembre, il informe Mgr Panet que les habitants se proposent de tirer les matériaux au cours de l'hiver.

Mgr Panet est fidèle à sa promesse: il émet, le 24 février 1827, le décret d'érection canonique de la paroisse Saint-Hilaire, qui s'étendra sur six milles de front sur la rivière Richelieu par trois milles de profondeur, bornée au sud-ouest par la seigneurie de Chambly et au nord-est, par la ligne seigneuriale de Saint-François le Neuf, au nord-ouest, par la rivière Richelieu et au sud-est, par la profondeur des terres de la troisième concession. Mais la confirmation civile tardera à venir. Il faudra huit années avant cette reconnaissance civile qui permettra de légaliser une répartition.

Ceux des Étangs

Mgr Plessis avait cru que sa permission de bâtir allait aplanir toutes les difficultés et déclencher la mise en marche du chantier. Mais sa tolérance à l'endroit des habitants des Étangs est une entrave pour les syndics et le seigneur exprime sa frustration. Le 22 mai, il écrit qu'il résigne comme premier syndic de la bâtisse de l'église. Il revient à la charge le 1er juillet:

> ... J'aurais continué ma place de premier syndic de la bâtisse de l'église de cette paroisse si je n'eus appris la semaine dernière à n'en pas douter que les gens des Étangs seraient desservis jusqu'à nouvel ordre par le curé de Saint-Jean-Baptiste jusqu'à ce qu'ils aient un chemin qui soit plus court.
> Ce chemin ils ne l'auront jamais...

L'absence de curé ajoute au marasme. La mise en chantier retarde de quatre autres années. Après deux années d'attente et de silence, le temps nécessaire au bouillant seigneur pour se ressaisir, son entourage le presse de reprendre sa place de syndic. M. de Rouville n'ose plus s'adresser à l'évêque de Québec. Il écrit à son auxiliaire de Montréal qu'il est chargé, de la part des habitants de Saint-Hilaire, de l'informer qu'ils sont décidés à bâtir une église paroissiale, à la commencer le printemps suivant et à la terminer la seconde année. Il profite de l'occasion pour réitérer sa demande d'un curé qui pourrait les seconder dans la construction de cette église et infuser aux paroissiens l'enthousiasme nécessaire.

Les marchés

À leur assemblée du 31 mai 1829, les syndics délibèrent sur des propositions faites antérieurement par les sieurs Joseph Pépin, sculpteur [3] et Joseph Doyon, maître maçon de Montréal. Diverses recommandations techniques leur sont fournies à cette occasion. Au mois de février, au cours d'une rencontre des syndics et des marguilliers Louis Brouillet-Lajeunesse, Alexis Blain et Joseph Jeannotte-Lachapelle, ces derniers demandent aux syndics d'ajouter quelques décorations aux structures proposées afin de parer un peu le dénuement intérieur du temple.

Le 25 janvier 1830, un premier marché de 20 000 livres est passé avec le jeune constructeur Augustin Leblanc, de Saint-Grégoire de Nicolet, pour une église en pierre de 100 pieds X 50 pieds, à deux clochers surmontés d'un coq, avec une voûte en plâtre et une sacristie de 30 pieds X 24 pieds (mesure intérieure). (Voir annexe C.)

Qui est Augustin Leblanc? Il a 31 ans. Il met à l'épreuve pour la première fois ses talents d'entrepreneur en construction. Le contrat le désigne comme architecte, mais il est de son métier entrepreneur d'ouvrages de sculpture et de dorure sur bois. Il travaille habituellement d'après les plans d'un architecte, mais on ignore qui est son architecte au moment où il entreprend l'église de Saint-Hilaire. En 1830, il fait son apprentissage du métier de menuisier. Pendant les sept années que durera la construction de l'église Saint-Hilaire, il est affairé simultanément à d'autres chantiers, ainsi Bécancour en 1831, Saint-Grégoire en 1832, Sorel en 1833, Deschaillons et Saint-Denis en 1835 et Saint-Aimé en 1836.

Un deuxième marché est passé avec le sieur Joseph Doyon, maître maçon de Montréal, pour faire la maçonnerie et autres travaux de sa compétence pour la construction d'une église *à la récollette* [4], et la sacristie en pierre pour la somme de 13 000 livres. (Voir annexe D.)

Les collectes de fonds

M. de Rouville est enthousiaste. Le 9 juin 1830, il écrit à Messire Cazeau, secrétaire de l'évêque: ... *les fondations de notre église sont à fleurement de terre et le tout va grand train...* Le 24 août: ... *les habitants font tous leurs efforts et se privent même du nécessaire...* Selon toute apparence, la griserie qui accompagne la mise en chantier fait oublier combien précaire est la formule de souscription volontaire sur laquelle repose tout le financement. Le seigneur est toujours d'avis que la présence d'un curé serait indispensable pour stimuler les syndics et les paroissiens.

En vérité, les entrepreneurs progressent plus rapidement que les rentrées de fonds. Ils sont vingt-cinq, marguilliers et syndics, qui, le 20 décembre, signent une requête pour presser l'évêque de leur envoyer un curé afin de faire croître les revenus. Selon toute évidence, l'autorité du seigneur ne remplace pas celle d'un curé: les habitants perdent confiance, refusent de payer la part qu'ils ont souscrite. La situation des syndics, privés de reconnaissance légale, devient embarrassante; ils supplient l'évêque de leur donner ''force de loi'' afin qu'ils puissent obliger les habitants à fournir leur part, leur contingent de matériaux, leur temps de corvée promis. Les résidents refusent d'assumer seuls tous les coûts; ils exigent que les non-résidents soient mis à contribution. L'évêque avait souhaité que l'église soit bâtie sans imposer une répartition, mais ce désir n'excluait pas la possibilité d'y recourir.

Au mois de janvier 1831, la situation de M. de Rouville devient intolérable. Les paiements sont échus, les syndics sont exposés à des recours en justice et les habitants jurent de ne rien payer. *C'est dommage, écrit-il, parce que notre église sera la plus jolie de ce district, une fois finie.* Il supplie que l'évêque leur envoie un curé pour la Saint-Michel, afin de tirer les syndics de l'embarras où cette absence d'autorité les a plongés. Des paroissiens défient même les syndics de les poursuivre. Les habitants des Étangs brandissent toujours leur menace d'adhérer à la paroisse voisine.

Pourtant, les travaux avancent: le 13 juin, M. de Rouville annonce à l'évêque que le comble sera posé à la fin de ce mois, la maçonne étant prête à le recevoir. Quatre mois plus tard, Saint-Hilaire reçoit enfin un curé, Messire Odelin. Ce n'est pas encore l'euphorie. Les talents d'administrateur du nouveau curé ne sont pas mis en doute, mais les mauvaises volontés ne se convertissent pas automatiquement. On doit fermer le chantier pour l'hiver: les syndics ne peuvent pas honorer les réclamations légitimes des entrepreneurs. L'édifice reste en plan, inachevé et inhabitable.

Le seigneur demande à l'évêque d'intervenir, tout en soulignant le fait que les plus nantis sont les plus récalcitrants, que nombre de propriétaires n'habitent pas la paroisse et que ceux des Étangs persistent à fréquenter la paroisse voisine. Il suggère de recourir à une répartition légale. C'est alors que Mgr Panet lui permet de reprendre *ab ovo* la procédure officielle pour établir une répartition: seule solution, si l'on veut mener à terme l'entreprise.

Les tribulations

Les paroissiens de Saint-Hilaire n'étaient qu'au début de leurs tribulations. Au printemps 1832, un événement imprévu bouleverse les syndics. Les murs de l'église, montés à la hâte avec des pierres liées de mauvais mortier, se lézardent et menacent de s'effondrer sous le poids du comble. Puis, sept fermes déjà en place s'écrasent dans la cave, aggravant les dommages aux murs. Les entrepreneurs se blâment mutuellement. La pagaille règne dans les rangs de la paroisse. Cette catastrophe matérielle démoralise tous les responsables. Elle couronne aussi trois années d'indifférence profonde des paroissiens pour la construction de leur église et aussi pour l'entretien d'un pasteur. Mgr Lartigue peut dire avec raison que ''Saint-Hilaire est au point où il l'avait prévu lorsqu'il refusa de lui donner un curé''.

L'année 1832 n'est cependant pas si désastreuse: les habitants réussissent à accumuler dons et denrées pour permettre à leur curé de vivre son année 1833. La collecte rapporte 320 livres et 10 sols. Et voilà que Mgr Lartigue, en janvier 1833, songe à faire un échange entre les deux curés de Rouville, MM. Odelin et Lafrance *que l'ouvrage tue à Saint-Jean-Baptiste*, et où la population double celle de Saint-Hilaire. M. de Rouville, qui a obtenu lui-même la nomination de Messire Odelin, intervient vigoureusement auprès de l'évêque de Québec. Une fois de plus, le seigneur, que Mgr Panet *trouvait si terrible*, obtient gain de cause.

Un incendie qui ravage la montagne pendant plusieurs jours, cette année-là, contribue à détériorer un climat déjà tendu. La construction de l'église est suspendue pendant seize longs mois. Les syndics mettent les entrepreneurs en demeure de s'entendre, ce qu'ils feront en juin, à l'amiable pour éviter des frais. Ils conviennent de modifier le marché du 25 janvier 1830 (voir annexe C) en réduisant considérablement la conception et les plans originaux, pour comprimer les dépenses:

> 1° *La charpente de l'église sera faite pour recevoir une voûte en bois et non en plâtre.*
> 2° *Au lieu de faire deux clochers, l'entrepreneur n'en fera qu'un.*
> 3° *Il fera recevoir la charpente de l'église et celle du clocher lorsqu'elles seront taillées et avant de les lever toutes les deux.*
> 4° *L'entrepreneur sera obligé de fournir de nouvelles cautions solvables avant de recommencer les travaux.*

Ceux que l'aspect insolite de la façade de l'église Saint-

Hilaire intrigue aujourd'hui ont ici l'explication de cette structure inusitée. La maçonne, déjà montée à soixante pieds, de façon à recevoir deux clochers en forme de tours, n'en reçoit plus qu'un. Le toit, prévu pour une voûte en plâtre, est modifié pour recevoir une voûte en bois. Ces changements improvisés donnent à l'église un aspect emprunté, caractérisé par des lignes extérieures à la mode néo-romane, abritant un intérieur aux lignes néo-gothiques.

Dans d'autres domaines, cependant, la région marque un progrès certain: la navigation prend un essor inattendu, grâce à la vapeur; trois bateaux se font concurrence sur le Richelieu; les vergers et les sucreries rendent abondamment; *L'Écho du Pays* véhicule les nouvelles et recule les frontières.

La répartition

Après une autre année d'attente et d'inaction, la paroisse Saint-Hilaire est enfin civilement reconnue et peut fournir le cadre d'une répartition légale. Le 10 juillet 1835, des lettres patentes confirment le statut civil et militaire de la paroisse. Il faut *pro forma* recommencer les procédures depuis le début. En octobre, quatre-vingt-quatre paroissiens, comme si rien n'avait été fait, demandent à l'évêque la permission de bâtir une église, en évoquant l'exiguïté, le piètre état de leur presbytère-chapelle et la nécessité d'enceindre le cimetière d'une clôture neuve. Le mois suivant, Messire Mignault, curé à Chambly, est délégué à Saint-Hilaire pour planter la croix rituelle sur le site du chantier déjà désigné en 1825. Son rapport fait allusion à l'église *qui n'a pu être finie parce que la maçonne et la charpente étaient mauvaises*; puis il en précise les dimensions de 100 pieds X 50 pieds. Le permis de procéder est daté du 21 décembre 1835.

Les nouveaux syndics sont les sieurs Gabriel L'Heureux, capitaine, François Authier, capitaine, Isidore Authier, père, Pierre Bessette, Jean-Marie Gibouleau, Jean-Baptiste Pion et François Leduc, père. Le seigneur de Rouville, déjà brouillé avec l'évêque de Québec et guère en meilleurs termes avec celui de Montréal, décline la charge de syndic. Pendant six ans, il évite de s'immiscer dans les affaires de la paroisse.

Ces notables procèdent sans attendre et font rédiger un

acte de répartition de 22 pages par le notaire Coursolles, le 3 mars 1836. L'estimation des dépenses et la répartition sont résumées ici.

ESTIMATION DES DÉPENSES
Église et sacristie

	livres
Ouvrage de maçonne, enduits et crépis	12 000
Charpente, menuiserie, matériaux sur place	8 000
Pour le bardeau et le poser	2 000
Pour toutes les ferrures nécessaires	2 000
Pour 250 barriques de chaux portées sur place	2 000
Fer blanc, vitres, mastic, peinture, huile	3 000
Pierres de taille, (fenêtres, portes, angles)	3 000
Pour lambourdes de cèdre	640
Clous, plomb, clous étamés	4 000
Dépenses imprévues, frais de répartiton et contributeurs insolvables	3 400
Premier total	40 040
Pour réparer le presbytère	2 271
Pour enclore le cimetière, savoir 105 toises de maçonne à 15 livres la toise	2 783-8
Grand total	45 094-8

À répartir sur les propriétaires catholiques de la paroisse. Saint-Hilaire contenait alors 11 557 arpents de terre en superficie concédés et divisés en sept districts répartis comme suit:

DISTRICTS	SYNDICS	TERRES	VERGERS	EMPL.	SUPERF.	À PAYER
1- Haut de la rivière	Gabriel L'Heureux	26	3	7	2 085.5	7 801-12
2- Bas de la rivière	Isidore Authier	29	-	14	2 583.5	9 059-4
3- Haut des Trente	Pierre Bessette	39	2	1	1 851.5	6 332-16
4- Bas des Trente	François Authier	33	-	1	1 898.	6 121-12
5- Les Brûlés	Jean-Baptiste Pion	25	-	1	1 420.5	4 569-12
6- Les Étangs	Jean-Marie Gibouleau	28	3	-	1 690.	6 176-
7- La Montagne	François Leduc	4	19	15	28.	5 033-12
TOTAL		184	27	39	11 557	45 094-8

Classes	vergers	emplacements
1re classe	14	8
2e classe	11	11
3e classe	2	20

Tout propriétaire d'un verger de première classe paiera autant que celui d'une terre de 90 arpents en superficie, c'est-à-dire, 288 livres.

Un verger de 1re classe (90 arpents) paiera 288 livres
Un verger de 2e classe (60 arpents) paiera 192 livres
Un verger de 3e classe (30 arpents) paiera 96 livres
Un emplacement de 1re classe (30 arpents) paiera 96 livres
Un emplacement de 2e classe (15 arpents) paiera 48 livres
Un emplacement de 3e classe (7.5 arpents) paiera 24 livres

Les propriétaires de vergers et d'emplacements ne contribueront qu'en argent et ne seront pas tenus aux corvées.

Chaque propriétaire d'une terre de 90 arpents paiera une somme totale de 288 livres et les autres, une somme proportionnelle, c'est-à-dire trois livres quatre chelins par chaque arpent de superficie.

Tout propriétaire d'une terre de 90 arpents fournira 2 1/6 toises de bonnes pierres de maçonne, 13 3/4 bariques de sable, 12 journées de harnais et 12 journées d'hommes, en se nourrissant et en fournissant ses outils, et chaque autre propriétaire en proportion de ce qu'il possède de terre.

En dernière analyse, la dite répartition devra donner 261 15/16 toises de pierre, 1 781 7/10 bariques de sable, 1 541 1/4 journées de harnais et 1 541 1/2 journées d'hommes.

La somme totale à répartir est de 45 094 livres 8 ch. en argent, laquelle sera payable en cinq versements égaux, dont le premier échu, dû et exigible le 1er mai 1836, le deuxième, dans le cours de juillet suivant, le troisième, en septembre 1836, le quatrième, en octobre 1837 et le cinquième, en octobre 1838.

Inauguration de l'église

Nous ignorons la date précise de l'inauguration de l'église de Saint-Hilaire: les documents que nous avons consultés ne révèlent rien à ce sujet. D'aucuns disent qu'elle fut livrée au culte - avec ses murs montés à 32 pieds et son nouveau comble

- à l'automne 1837, comme en fait foi la pierre de la façade. Quoi qu'il en soit, les ouvrages de l'édifice ne furent soumis à l'expertise, examinés et reçus qu'en mars 1839, par William Sparks de Saint-Mathias et Toussaint Charron-Cabana de Saint-Hilaire, tous deux maçons.

Faut-il rappeler le contexte politique de ces années et les agitations qui ont conduit les habitants de la vallée du Richelieu à un soulèvement qui n'épargna pas Saint-Hilaire? Le curé a sa part de préoccupations, de son côté. La bataille de Saint-Charles sème l'inquiétude: plusieurs paroissiens de Saint-Hilaire sont parmi les plus agités. Il y a des victimes: un mort, deux prisonniers (voir annexe E). Le jeune Abraham Rémi-Bellefleur, fils de François et de Thérèse Laplume, âgé de 22 ans, est tué et inhumé avec vingt-trois autres dans le cimetière de Saint-Charles. Cependant que le seigneur de Rouville est retenu par ses devoirs militaires dans Deux-Montagnes où il a été appelé pour réprimer les émeutes de cette région du pays. [5]

L'église, ouverte soit-disant en 1837, disposait d'aménagements fort rudimentaires. Ce n'est que plusieurs années plus tard que furent ajoutés les stalles, la chaire, les autels latéraux, la balustrade et le jubé. Les paroissiens de Saint-Hilaire avaient accueilli assez mal la répartition imposée en catastrophe pour la construction de leur église. Pourtant, ils ne tardèrent pas à la vouloir très belle, cette église qui devait faire naître chez eux un esprit de clocher dont ils ne se départiront peut-être jamais.

---

1. Le résidu de cette terre fut vendu l'année suivante à Sophie Morand pour 400 livres, devant Frs Pétrimoulx, n.p., août 1819.
2. L'unité monétaire était la livre qui valait 20 sous.
3. Joseph Pépin, sculpteur de Saint-Vincent-de-Paul, élève de Quévillon, est né en 1770.
4. *À la récollette* signifie que l'église comporte une nef unique recouverte d'une fausse voûte en demi-cercle dont l'abside est carrée, sans transepts dans ses murs latéraux ni renforts extérieurs, mais avec deux autels faisant face à l'assistance et placés sur le retour des murs vers le sanctuaire, et un choeur à chanter au-dessus du rétable.
5. CARDINAL, Armand, *op. cit.*, p. 63.

CHAPITRE
QUATRIÈME

Messire Jacques Odelin, premier curé.

Être curé d'une paroisse rurale, au début du siècle dernier, était une tâche fort semblable à celle qu'on attribue aux missionnaires d'aujourd'hui dans les pays lointains. La tâche, ingrate, appelait souvent l'héroïsme. L'indifférence des paroissiens mettait à rude épreuve le courage du curé. Tant mieux s'il était habile, industrieux et s'il était doué d'une personnalité forte et d'une solide constitution. Le charisme particulier de patience et des dons intellectuels pouvaient s'avérer fort utiles sinon nécessaires.

Le curé de cette époque avait une tâche exigeante à remplir. Il devait souvent desservir plus d'une mission perdue dans un territoire immense, parallèlement à sa paroisse. Sa présence conférait en même temps un attrait supplémentaire à la paroisse et à la seigneurie - cadre civil du temps: l'établissement des colons s'en trouvait grandement facilité.

La période la plus sombre de l'histoire religieuse canadienne s'étend de 1760 à 1840 [1]. La paroisse Saint-Hilaire naît au cours de cette période difficile, aggravée par une crise agricole sérieuse dont le sommet se situe vers les années 1830, à une époque où l'économie du pays était encore à peu près exclusivement agricole [2].

En trente-trois ans, depuis sa création en 1795, Saint-Hilaire a connu dix desservants chez les curés des paroisses voisines et s'est plus ou moins résignée à n'avoir pas de curé. Conclusion: les paroissiens sont dépourvus de toute ardeur religieuse hors un petit groupe d'âmes d'élite. Il faudra un tempérament de missionnaire à un prêtre pour accepter une telle cure. Non seulement aura-t-il à faire preuve d'un zèle à toute épreuve, mais encore devra-t-il organiser sa propre survie.

Jacques Odelin, prêtre

Jacques Odelin naît le 5 août 1789, à Saint-Constant de Laprairie, de Jacques Odelin dit Petitbois, maçon[3], et de Marie-Angèle Lavigne. Il fait ses études au séminaire de Montréal et au collège de Nicolet. Il est ordonné prêtre à 26 ans, le 4 février 1816[4]. Il est vicaire à Saint-Laurent en 1816-1817, puis chapelain de l'Hôpital général de Québec, de 1817 à 1819, tout en étant desservant à Sainte-Foy. Il est curé à Saint-Grégoire de Nicolet, de 1819 à 1821 et à Saint-Esprit, de 1821 à 1826.

Comme certains curés de cette époque, il trouve dans l'alcool refuge contre une vie difficile. Il est plus que malheureux dans ses fonctions de pasteur; en conscience, il demande à être relevé de sa cure, alléguant qu'il pourrait être utile ailleurs: ce qui lui est refusé, mais il sera plus tard relevé de ses pouvoirs. Il passe cinq ans dans son ancienne paroisse, en disponibilité. Puis son évêque lui permet, en août 1831, de résider à Beloeil, chez Messire Bélanger qui avait demandé à accueillir ce jeune prêtre en détresse. Messire Bélanger avait même intercédé auprès de l'évêque pour qu'il lui confie quelque charge, dans l'espoir de le réhabiliter. Messire Robitaille, curé à Sainte-Marie (Marieville) avait suggéré qu'il puisse rendre quelques services durant les fêtes, de même qu'à Messire Bélanger, son bienfaiteur, à Beloeil: *Cela ne ferait qu'édifier les gens de l'endroit qui au commencement le croyaient malade. Maintenant qu'ils voient en lui une bonne conduite, ils s'informent. À Sainte-Marie, il n'est pas connu, de sorte qu'il pourrait rendre service.* Bref, Messire Odelin semble très sympathique à tout le monde. Le seigneur de Rouville, toujours impatient d'avoir un curé dans sa paroisse, propose aussi à l'évêque de libérer Messire Odelin pour le donner comme pasteur à Saint-Hilaire.

À l'arrivée du curé Odelin, les paroissiens envoient une ronflante adresse à l'évêque, adresse que signent Hertel de Rouville, Antoine Dumon, Clément Gosselin, François Letêtu,

Auguste Goulet et 188 *chevaliers de la croix*[5]. Le texte rédigé par le notaire Coursolles est farci de flatteries et de promesses. C'est le 6 octobre. On fait des travaux d'urgence pour permettre au curé de se loger, provisoirement, dans un presbytère presque en ruine.

Les dix années du curé Odelin (1831-1841)

Messire[6] Odelin, premier curé à Saint-Hilaire, ressemble à beaucoup de prêtres de cette période sombre. Physiquement, il est petit, trapu, voûté, a le visage labouré par la variole. Comme pasteur, il n'a pas le don de la parole, en chaire il fait pitié, dit-on. Par contre, il est doué d'une intelligence supérieure, éveillée et critique. Le premier, il découvre le danger que représentent à l'époque certains écrits de Lamennais dont la pensée a touché le clergé du temps. Il soutient seul, dans *L'Écho du pays* et *L'Ami du peuple* une polémique sur le sujet.

Ses dix années à Saint-Hilaire sont douloureuses. Cependant, il supporte avec courage les avatars d'une cure ingrate et les tracasseries de la construction d'une église qui s'éternise, à cause du peu de ressources des paroissiens et peut-être aussi de leur peu de zèle à souscrire volontairement, ainsi qu'ils s'y sont engagés. Ses nombreux soucis sont aggravés par la négligence notoire des paroissiens à pourvoir à son entretien de façon convenable et honnête.

Il arrive à Saint-Hilaire à temps pour sauver la situation, si elle peut l'être: les syndics sont embarrassés; les fonds n'entrent pas; les paroissiens se défendent: ils ne veulent pas d'une église sans curé. Le climat de la paroisse, face à la catastrophe du chantier, le met, en 1832, à rude épreuve. Le moral des troupes est bas et il doit les réconforter, les encourager, espérer un miracle. Hors cela, à peine est-il installé qu'il est question de sa mutation à Saint-Jean-Baptiste.

Pour comble de malheur, il doit statuer sur les frais des sépultures, et elles sont nombreuses, que multiplie la fièvre d'automne - le choléra, cet impitoyable fléau qui, en 1832, fait au pays 20 000 victimes en cinq mois. À Saint-Hilaire, 27 adultes; un chiffre record de 45 sépultures dans l'année, avec une rédicive, en 1834, qui fait 11 victimes adultes. De ce fait, la réglementation des sépultures touche presque la moitié des familles et la rend d'autant plus difficile au nouveau curé. Il statue: un enterrement de première classe coûtera dorénavant 400 livres, et la levée du corps se fera jusqu'à 20 arpents. La sépulture de deuxième classe coûtera 200 livres avec une levée du corps à 3 arpents seulement.

La maison curiale

Quand, en 1834, Mgr Lartigue fait sa visite pastorale, il ordonne des réparations d'urgence au presbytère-chapelle. Les paroissiens, absorbés par la construction de leur église depuis plusieurs années déjà, avaient négligé l'entretien de l'édifice et, par ricochet, leur curé n'était pas logé convenablement. À l'automne, la maison curiale n'est plus habitable. Messire Odelin achète un emplacement au nord du presbytère pour y construire une maison à ses frais.

L'acte de vente décrit le terrain comme suit:

> ... un lopin de terre ou emplacement situé dans le village de Rouville, dans la paroisse de Saint-Hilaire, étant le numéro 19 du plan du village, 12 500 pieds carrés, figure irrégulière, borné au nord-est à la rue St-Henri d'un bout au sud à l'emplacement numéro 20, d'autre côté au sud-ouest à une coulée qui le sépare du terrain de la fabrique, en suivant les sinuosités de la dite coulée (voir plan p. 58).

> Acquis de Félix Jeannot devant J.M. Martin, n.p., le 17 novembre 1831... Le dit censitaire sera tenu de dire chaque année qu'il possédera le terrain, deux messes pour le repos des âmes des défunts de la famille du seigneur et de son épouse.

En février 1835, le curé Odelin prévient l'Ordinaire de cette décision, en ces termes:

> Je me trouve en ce moment sans logement pour ainsi dire. Le presbytère demanderait des réparations considérables et il m'est impossible de ne rien obtenir. Je n'ai ni écurie ni étable. Je suis réduit à loger mes animaux chez les voisins. Je n'ai jamais pu obtenir de

mes paroissiens d'enclore le terrain non plus que le jardin. Depuis trois ans l'automne dernier, j'ai voulu inutilement les engager à me procurer les dépendances nécessaires. Si j'avais par mes revenus le moyen de faire à mes frais ce qu'on me refuse, je le ferais volontiers. À raison de la négligence que l'on entretient à mon égard, je bâtis une maison pour me loger l'automne prochain. M. de Rouville est le seul qui m'aide. À l'exception d'un très petit nombre, je ne rencontre que de l'indifférence... Je ne désire nullement laisser le presbytère. (Voir annexe F.)

En 1835, il bâtit cette maison en bois, qu'il occupe à l'automne et qu'il occupera jusqu'à sa mort, en 1841. (Cette maison devint, en 1880, la propriété de la veuve Philéas Authier et plus tard, le magasin Fagan, puis Hébert, puis Fréchette.)

Pourtant, la fabrique a en caisse 2 042 livres et 13 sols en billets de banque et 188 livres en espèces. Cette somme eût été amplement suffisante pour donner un minimum de confort au curé dans son presbytère.

En mars, l'évêque députe sur les lieux Messire Migneault, curé de Chambly, pour rencontrer les paroissiens: ils sont tous d'accord que le curé ne peut plus habiter le presbytère dans l'état où il est. Son rapport énumère les travaux importants à faire à la maison curiale et aux dépendances. Il ajoute que la dîme de pommes ne se paie plus et n'a jamais été payée fidèlement.

Ce procès-verbal fait son cheminement, mais la machine est si lourde à se mouvoir qu'en août, le pasteur se rappelle au souvenir de l'évêque et le prie en ces termes:

Je prie instamment Votre Grandeur de me donner une réponse définitive afin que lorsque j'aurai abandonné le presbytère qui n'est plus logeable, on ne vienne pas m'objecter mille raisons qui n'auraient aucun fondement. Si vous ne me prêtez pas secours, je ne sais comment je pourrai me tirer d'embarras où me met la négligence des gens qui ont promis de faire il y a quatre ans ce qu'ils n'ont voulu même penser à faire. Tout forcé que je sois de prendre parti de me retirer chez moi, je ne veux pas le faire sans avoir prévenu Votre Grandeur de l'impérieuse nécessité où je me trouve de le faire. (Voir annexe E.)

À la suite de la visite de Messire Migneault, il est décidé de présenter une requête à l'évêque afin d'obtenir l'autorisation de procéder à une répartition légale, selon l'intention déjà formulée en mars.

Dans le même temps, l'évêque doit intervenir pour inciter les paroissiens à secouer leur négligence et à honorer leurs obligations malgré leur pauvreté.

L'église est ouverte au culte

Le nouveau temple des paroissiens de Saint-Hilaire est enfin livré au culte et Jacques Odelin a la joie d'y célébrer la première messe, muni du strict nécessaire pour le saint sacrifice. Les archives paroissiales sont muettes sur la date de cet événement. Certes, l'église est loin d'être complétée: elle n'a ni voûte, ni jubé et pas davantage de chaire, de balustrade ou de stalles. Petit à petit, on ajoutera ces accessoires liturgiques, puis des éléments de décoration.

Pour stimuler sans doute la piété de ses paroissiens, déjà encouragés par la présence d'un premier curé et l'ouverture de leur église, Messire Odelin établit, le 11 février 1838, la confrérie du Sacré-Coeur, association pieuse qui subsistera jusqu'en 1951.

Le cimetière

L'année 1838 se passe à redresser l'état du cimetière qui doit être relocalisé à cause du site de l'église. Les permis d'exhumation et la translation des restes, la sécularisation de l'ancienne partie sont les principales préoccupations du curé.

Le champ des morts de la paroisse aurait mérité un aménagement plus respectable que celui qu'on lui avait réservé jusqu'ici; il fait partie intégrante du complexe paroissial de la fabrique. Il est dans un état de ruine complète. Sans doute, le chantier de construction de l'église a-t-il contribué à cette détérioration. Une partie de la clôture est tombée. Messire Odelin avoue que ce n'est un cimetière que parce que les corps des fidèles y reposent. L'évêque menace d'y interdire toute sépulture chrétienne si l'on n'y met bon ordre.

Un montant de 125 livres avait déjà été prévu pour construire un mur de pierre autour du cimetière: c'était la coutume quand les moyens le permettaient.

En 1838 donc, le cimetière est d'abord agrandi dans la partie sud-est, d'un terrain additionnel, de manière à ce qu'il entoure l'église et l'on sécularise la partie derrière le charnier. Il devient nécessaire d'exhumer certains corps et de les inhumer à nouveau dans l'église [7] ou dans le futur cimetière. On relève la clôture de la vieille partie et on entoure la nouvelle d'une haie provisoire qu'on mettra six ans à remplacer par une clôture neuve qui ne sera pas en pierre mais en perches de cèdre.

La même année, François Leduc fait le plafond de la sacristie et la chapelle des morts pour la somme de 400 livres.

Le presbytère semble être le dernier des soucis des paroissiens. Ils le laissent pour compte. Du reste, on y fait bien inutilement des réparations puisque Messire Odelin habite sa propre maison, rue Saint-Henri. L'unique secours que les paroissiens ont bien voulu accorder à leur pauvre curé est, semble-t-il, une maison d'aisance à son usage dont le coût a été de 42 livres.

1839-1841

Pour ajouter à l'embarras du malheureux curé, une autre difficulté majeure subsiste: ceux du rang des Étangs continuent, malgré la construction de leur église, à s'adresser à Saint-Jean-Baptiste pour les services religieux, en dépit d'une ordonnance de Mgr Panet, datée de 1830, les enjoignant de réintégrer la paroisse de Saint-Hilaire. La survie du curé à Saint-Hilaire dépend de leur participation. Faudra-t-il une nouvelle intervention de l'évêque?

Une année se passe sans que les événements se bousculent trop et donne heureusement au curé un peu de répit, lui permettant de voir lui-même à la perception de la dîme et de s'affairer à de menus travaux, par exemple, enclore son jardin qui est à la merci des animaux errants.

Messire Odelin célèbre avec grande pompe deux mariages: celui de Charlotte Hertel, fille du seigneur de Rouville, au docteur Jean-Baptiste Brousseau, de Beloeil, le 25 février 1840. Le 28 février 1841, un autre mariage fastueux unira Henriette Hertel de Rouville, deuxième fille du seigneur, à Isaac Larocque de Rocquebrune.

Un nouvel évêque, Mgr Bourget, avait succédé à Mgr Lartigue [8]. Il conserve dans la région le même interlocuteur valable que son prédécesseur, puisque c'est à Messire Durocher de Beloeil qu'il commente, le 11 août 1840: *J'ai ouï dire que le presbytère de Saint-Hilaire n'était plus logeable et que le curé de cette paroisse avait été obligé de se bâtir une maison où il s'est retiré depuis quelques années.*

Mort du curé Odelin

Mgr Ignace Bourget, évêque de Montréal de 1840 à 1876..

Durant toute l'année 1841, on travaille à l'érection, sur la montagne, d'une gigantesque croix de 100 pieds de hauteur, dont on pouvait atteindre le faîte par une échelle intérieure [9]. Ce monument doit couronner la mémorable campagne de tempérance entreprise par Mgr de Forbin-Janson, dans tout le Bas-Canada. Notre valeureux curé Odelin a dû être mis à contribution par sa fonction de pasteur du lieu. Si son attention constante a été requise, il ne peut assister à l'inauguration de la croix, en octobre, car la mort l'emporte subitement avant le grand jour, le mercredi, 9 juin, veille de la Fête-Dieu.

Messire Odelin était âgé de 51 ans et rien chez lui ne laissait présager une fin prochaine.

L'acte de sépulture se lit ainsi:

> *Le 11 juin, nous vicaire général soussigné, avons inhumé dans le choeur de l'église de cette paroisse, au coin de la masse d'autel, du côté de l'évangile, le corps de Messire Jacques Odelin, premier curé résident de cette paroisse, décédé avant hier âgé de cinquante et un ans et six mois.*

Il y eut une nombreuse assistance de prêtres et d'amis.

Nul doute que le premier pasteur de Saint-Hilaire a, par modestie, travaillé dans l'ombre, mais il a abattu une besogne considérable avec des moyens de fortune. Il est héroïquement resté en fonction, comme un véritable missionnaire, et il a laissé le souvenir d'un dévouement désintéressé. La paroisse Saint-Hilaire lui aura permis de se surpasser, puisqu'il y eut des malheurs suffisants pour décourager les meilleures volontés.

Il eut la confiance, non seulement de l'épouse du seigneur dont il était le directeur spirituel, mais aussi d'Eulalie Durocher, d'Hermine Hertel de Rouville et du groupe de jeunes filles de Beloeil qui gravitaient autour d'Eulalie Durocher, avant qu'elle ne fonde la congrégation des Soeurs des Saints Noms de Jésus et de Marie[10]. Ces âmes d'élite avaient compris la véritable valeur de ce pasteur.

Ce cher Messire Odelin ne sera pas témoin de l'ère nouvelle qui commence pour l'Église d'ici, ère dont on dira qu'elle fut triomphaliste et qui s'exprimera par l'introduction de nouvelles communautés religieuses, d'associations pieuses, de prédications et de nombreuses retraites.

Messire Théophile Durocher, curé de Beloeil, desservit la paroisse durant six mois, avant que les Pères Oblats ne deviennent responsables du ministère à Saint-Hilaire.

La cure ne sera pas moins difficile car on y comptera de 1841 à 1873, dix curés. Les cinq premiers meurent à la tâche ou prennent tant de repos qu'on finit par les retirer.

1. Commission d'étude, *Histoire de l'Église catholique au Québec*, Montréal, Éd. Fides, 1971, pp. 23 à 37.
2. HAMELIN, Jean, *Histoire du Québec,* Montréal, Éd. France-Amérique, 1977, p. 291.
3. Il construisit l'église de L'Acadie vers 1800.
4. ALLAIRE, Abbé J.B., *Dictionnaire biographique du clergé canadien-français*, Montréal, Institution des Sourds-muets, 1910.

5. Se dit par dérision des analphabètes qui ne savent signer leur nom et font une croix authentifiée par un témoin.

6. Ancienne dénomination honorifique ajoutée aux titres de personnes de qualité ou placé devant le nom d'un ministre du culte.

7. Le sous-sol de l'église accueillait généralement de nombreuses sépultures. La coutume accordait au marguillier le privilège d'être inhumé sous son banc.

8. Mgr Ignace Bourget succéda à Mgr Lartigue à la mort de ce dernier, le 19 avril 1840.

9. *Mélanges religieux,* Montréal, 1841, passim.

10. DUCHAUSSOIS, Pierre, o.m.i., *Rose du Canada,* Outremont, Maison-mère des SS. des SS. NN. de Jésus et de Marie, 1934. Eulalie Durocher était l'intendante et la secrétaire de son frère Théophile, curé à Beloeil et qui desservit Saint-Hilaire à plusieurs occasions. Elle deviendra Mère Marie-Rose, fondatrice des religieuses des SS. NN. de Jésus et de Marie et sera béatifiée en 1982.

Mgr Charles Auguste de Forbin-Janson, 1799-1885, (en médaillon).

Mgr de Forbin-Janson prêchant d'une embarcation sur le lac. Coll. Musée McCord.

Lithographie du lac montrant la chapelle sur le Pain de Sucre (Opinion Publique, 18 décembre 1983).

CINQUIÈME

Un monument national (1841-1846)

Une vaste campagne de tempérance, menée en Irlande par le père Matthew dans les années 1835, obtient un tel succès que les autorités religieuses canadiennes, Monseigneur Bourget en particulier, songent à la reprendre au Canada où l'intempérance est fort répandue. L'hyperconsommation de boissons alcooliques est favorisée par leur coût dérisoire: pour 25 cents, on obtient un pot de rhum. Boire coûte moins cher que manger. Le cidre est la boisson nationale au pays des pommes. À la montagne de Saint-Hilaire, pour citer un exemple, les pomiculteurs ont la réputation de "boire plus de pommes qu'ils n'en mangent". Un remède, déjà éprouvé ailleurs: des missions paroissiales, des retraites, pour le clergé et les fidèles.

Les missions de Mgr Forbin-Janson [1]

Le principal artisan de la campagne sera Mgr Charles-Auguste de Forbin-Janson, évêque de Nancy, célèbre par ses prédications en Europe et aux États-Unis. Son action au Canada, particulièrement dans le diocèse de Montréal, dans les années 1840 et 1841, marque une régénération spirituelle et même sociale, sous le signe de la Croix pour laquelle il a une dévotion particulière. Il fait campagne, entre autres, pour la tempérance et chacune de ses missions se termine par l'érection d'une croix dont les dimensions sont à la mesure du succès obtenu. Il forme une vaste société de tempérance à laquelle les familles adhérentes souscrivaient en suspendant une croix de bois noire, bien en vue, dans leur foyer.

Durant des mois, se déroulent des manifestations religieuses sans précédent. Est-ce le succès obtenu dans la vallée du Richelieu? Est-ce la beauté des lieux et la majesté du mont Saint-Hilaire qui inspire la ferveur de l'évêque de Nancy? Quoi qu'il en soit, son enthousiasme ne connaît pas de limites. Il décide de couronner son passage au Canada par l'élévation d'une croix gigantesque sur le plus haut sommet de la région de Montréal, le Pain de sucre du mont Saint-Hilaire.

Une Croix sur le Pain de sucre

Le projet de Mgr Forbin-Janson nécessite de longs préparatifs. Le seigneur de Rouville s'y engage. On ouvre des chemins pour transporter les matériaux et pour permettre à la foule présumée des pèlerins d'accéder au Pain de sucre. L'entrée est située à l'angle de la rue des Moulins. Un maître menuisier de Beloeil, le sieur Provost, accepte de construire la charpente monumentale ainsi que la chapelle qui servira de base, le tout pour la somme de 325 livres, environ 1 500$, (somme qui ne lui sera jamais entièrement payée). On prévoit un chemin de Croix le long de la montée dont la quatorzième station sera la Croix du Pain de sucre. Les corvées se succèdent, animées selon toutes probabilités par le seigneur de Rouville et par les curés environnants, peut-être aussi par le premier curé de Saint-Hilaire, messire Odelin, déjà écrasé par le souci de sa propre survie, et par d'autres citoyens. Pour défrayer les coûts de ce projet grandiose et inusité, une vaste campagne de souscription est mise sur pied. La plupart des paroisses catholiques du Canada sont sollicitées. Le curé Durocher de Beloeil fait lithographier deux vues, une du lac Hertel de la montagne et l'autre de la plaine, et il les met en vente pour un sol trois deniers [2]. (Ces superbes gravures de l'époque, par John Penniman, se trouvent encore dans certains musées et collections privées; elles mesurent 30 X 45 cm).

Gravures de la montagne de Saint-Hilaire, l'une vue de la plaine, l'autre vue du lac, exécutées à l'occasion de l'inauguration du monument sur la montagne en 1841.

L'inauguration [3]

L'inauguration, d'abord prévue pour septembre 1841, est retardée jusqu'au 6 octobre. À neuf heures du matin, deux cortèges se mettent en branle simultanément, à partir du manoir seigneurial et du presbytère paroissial. Cinq évêques en tête, à pied, à cheval ou en calèche, les pèlerins se rendent d'abord au lac de la montagne. Les chroniqueurs du temps parlent d'une foule évaluée à 25 000 ou 30 000 personnes qui se presse autour de l'orateur sacré. Mgr de Forbin-Janson, revêtu des ornements sacerdotaux, s'adresse aux pèlerins à partir d'un radeau sur le lac. La présence de nombreux prêtres et religieux mêlés aux fidèles confère à la manifestation une ampleur sans précédent dans les annales du pays.

Après une mémorable prédication, la foule s'engage dans le chemin qui mène péniblement au Pain de sucre; chacune des stations du chemin de Croix est bénite.

Si l'on songe que la population de la ville de Montréal était alors de 40 000 habitants, celle de Saint-Hilaire, de 1 000 habitants, on peut comprendre que ce débordement de pèlerins, même surévalué par les chroniqueurs de l'époque, est certes un événement unique difficile à renouveler. Il faut lire les journaux du temps pour se rendre compte de l'importance de cette apothéose à la Croix dont les gens d'aujourd'hui ont perdu le souvenir. Ce fut peut-être le début de la vocation touristique à laquelle Saint-Hilaire était appelée, à cause de sa montagne et du voisinage de la rivière Richelieu.

Le 3 novembre, une première messe est célébrée dans la chapelle à la base de la croix, chapelle dédiée à saint Charles Borromée, patron de Mgr de Forbin-Janson, qui revient y prêcher à plusieurs reprises. Pendant cinq bonnes années, des pèlerinages se succéderont durant la belle saison.

La Croix du Pain de sucre

J'emprunte aux *Mélanges religieux*, journal catholique dont la fondation fut suscitée par Mgr Bourget, et que dirige

La Croix du Mont St. Hilaire.

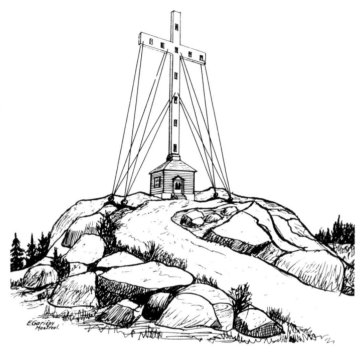

Érigée en 1841. Bénie par Mgr Forbin-Janson, évêque de Nancy, le 6 oct. 1841. Première messe dans la chapelle, célébrée par lui, le 3 nov. 1841. Un ouragan brisa la croix, vers 1869. La chapelle fut démolie beaucoup plus tard. Elle avait 20 pieds X 20 pieds.

l'abbé Jean-Charles Prince, directeur du séminaire de Saint-Hyacinthe, la description qui en est faite le 10 décembre 1841:

> *La croix a 100 pieds de hauteur, 6 pieds de largeur et 4 pieds d'épaisseur, le tout recouvert de fer blanc étamé. Arbre gigantesque formé d'une charpente régulière faite d'énormes pièces de bois, solidement reliées les unes aux autres par de fortes lames de fer qui couvrent les entures. L'intérieur de la croix est vide de manière à y placer des échelles et il y a des ouvertures à tous les 15 pieds. Les bras placés à 15 pieds du sommet ont 30 pieds d'envergure et sont*

soutenus en dessous et en dessus par 8 barres de fer.

Cette charpente si solide et si compacte est elle-même liée au rocher par 12 grosses chaînes, les plus fortes que d'habiles ouvriers aient pu cramponner dans le roc vif[4]. Ces chaînes placées à différentes hauteurs, même à 75 pieds, peuvent se raccourcir ou se rallonger suivant le besoin.

Le pied de cette croix est enfoncé dans le roc et affermi par un train en mortaises dont les vides sont remplis par une bonne maçonnerie de trois pieds de haut.

Enfin comme base de l'édifice est une chapelle de 20 pieds carrés, surmontée d'une galerie qui règne tout autour. Tel est ce monument en quelque sorte indestructible que l'on vient d'attacher au plus haut point du mont Saint-Hilaire qui, lui-même s'élève à 1 100 pieds au dessus du rivage du fleuve.

Après les ouvrages de l'art ce travail est bien assurément un des plus remarquables par la hardiesse de sa construction et surtout par le sublime de son piédestal et le grandiose de ses environs[5].

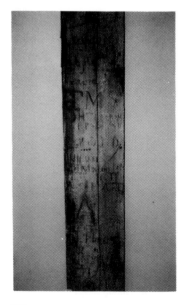

Une planche de la chapelle portant les inscriptions des pèlerins. (Coll. Thos. Lahaise)

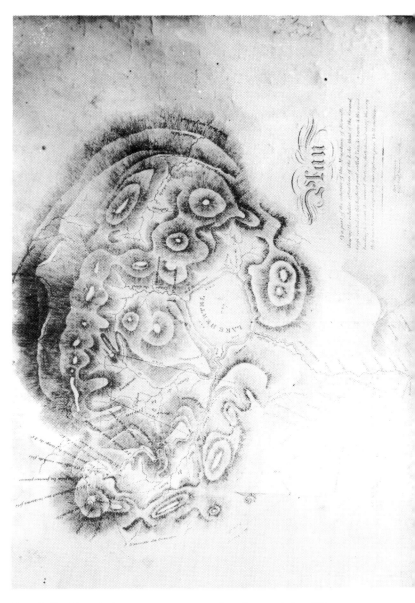

Plan de l'intérieur de la montagne montrant l'emplacement des différentes stations, du lac et de la grande croix du Pain de Sucre. (Alexandre Stevenson pour l'arpenteur provincial, 1841.)

Profanation

La Croix du Pain de sucre révèle ce promontoire extraordinaire au reste du Canada. Pèlerinages et célébrations attirent en ces lieux des foules diversifiées, animées de sentiments pieux, certes, mais aussi de plus profanes.

Un incident notoire vient troubler le déroulement des excursions pieuses. Moins d'une année après l'inauguration, en août 1842, trois militaires du 89e Régiment, cantonné au fort de Chambly, décident de faire, à leur manière, un pèlerinage à la Croix. Le long du chemin, ils arrachent cinq des croix des stations et les jettent au loin, après avoir caricaturé les inscriptions qu'elles portent. Rendus à la chapelle, ils pillent le vin en réserve pour les saintes messes, utilisent les ornements sacrés pour quelque chose comme des danses sacrilèges et quoi encore!

Monsieur de Rouville achemine une plainte au capitaine Wetherall[6], commandant du fort, et obtient la promesse d'un châtiment exemplaire pour les audacieux coupables. Est-il besoin de mentionner qu'à cette époque, une vaste campagne de protestantisation est menée par tout un regroupement des ''protestants'' - moins les anglicans qui ont refusé et de se joindre et de financer le mouvement - à l'endroit des catholiques francophones du Canada, et que des *protestants* de la Suisse française sont déjà installés à Saint-Blaise.

Fin d'une épopée

La destruction des militaires de Chambly provoque une nouvelle érection du chemin de la Croix, cette fois par le père Honorat, supérieur des Oblats de Marie-Immaculée temporairement missionnaires à Saint-Hilaire, et l'événement rallie 7 000 à 8 000 personnes. Cette histoire suscite, par ailleurs, l'idée d'établir au Pain de sucre un gardien des lieux. Monsieur de Rouville, lui, voit plus loin. Inspiré par les visions de l'abbé Prince, rédacteur des *Mélanges religieux*, il préconise l'établissement d'une communauté religieuse à cet endroit. Il fait même don à l'évêque de Montréal d'une terre de quatre-vingt-dix arpents en superficie, le plus près possible du monument, et projette la construction d'une maison capable d'abriter un religieux en permanence, en attendant l'installation d'un véritable monastère... Il s'engage à fournir 600 livres par année à cette oeuvre.

En vérité, le brave seigneur de Rouville, alors près de la faillite, ne peut s'offrir pareille générosité. Son geste est louable, certes, mais cette année-là, il est menacé de saisie. Cette situation dramatique le pousse peut-être à attacher son nom à quelque chose de durable: à la Croix de la montagne, par exemple, montagne qu'il appelle le plus souvent *montagne de Rouville*, pendant que les rédacteurs des Mélanges religieux s'acharnent à la désigner mont Saint-Hilaire et quelquefois même mont Beloeil [7]. Il offre à l'évêque de commencer à tirer les matériaux avant la débâcle, et lui demande une avance - le tiers du coût prévu - pour cette petite maison de quelque cent livres. L'évêque Bourget réussit à persuader M. de Rouville qu'il est prématuré de vouloir établir une communauté au pays... et à cet endroit.

Le monument qui avait été jugé indestructible tombe après cinq années de gloire. Dans la nuit du 12 au 13 octobre

Une section de la croix gisant près de la chapelle du Pain de Sucre.

1846, un vent impétueux du nord-ouest a raison de sa résistance. Le même vent - d'une force inusitée - renverse plusieurs bâtiments et entraîne le naufrage de plusieurs bateaux dans le fleuve. La Croix est renversée et fracassée sur les rochers. Seule, la chapelle de la base a subsisté jusqu'en 1877, alors que, le 23 octobre, le feu détruisit ce reste d'un monument aujourd'hui entré dans l'oubli total. On ne sut jamais si l'incendie avait été d'origine criminelle: il y a fort peu de chance qu'un incendie spontané se soit déclaré dans ces lieux.

La chapelle résistera aux assauts du temps jusqu'en 1877.

Qu'en reste-t-il? Quelques tiges de fer cramponnées au rocher du Pain de sucre et qui servaient à retenir les chaînes imaginées comme supports au monument. Les archives du Séminaire de Saint-Hyacinthe possèdent un anneau et un crampon [8].

Les générations d'aujourd'hui qui empruntent les sentiers de la montagne et se rendent au Pain de sucre ignorent sans doute que le premier sentier - ouvert en 1841 - eut une origine si glorieuse.

Y aurait-il lieu de fixer dans le roc, à ras de sol cette fois, à l'abri des vents, une plaque commémorative en souvenir du geste posé par les Canadiens des années 1840? [9]

1. DIONNE, N.E., *Mgr Forbin-Janson,* Québec, Typ. Laflamme et Groulx, 1910.
2. La vente des lithographies ne fera pas le cinquième des frais.
3. "Pèlerinages du Mont Saint-Hilaire", extrait des *Mélanges religieux,* Montréal, 1841.
4. Un anneau et un crampon original sont conservés au musée du Séminaire de Saint-Hyacinthe.
5. Par comparaison, la croix du Mont-Royal, érigée en 1924 par la Société Saint-Jean-Baptiste, mesure 103 pieds de hauteur et son promontoire est de 828 pieds.
6. Le capitaine Wetherall est précisément le même qui a conduit les troupes des Habits rouges contre les patriotes à Saint-Charles. Il était alors colonel.
7. Mgr Panet, alors rédacteur des *Mélanges religieux*, fait une rétractation officielle au sujet de l'appellation de la montagne et la nomme mont Saint-Hilaire.
8. CHOQUETTE, Mgr C.P., *Histoire de Saint-Hyacinthe*, Institut des sourds-muets, 1911.
9. Depuis 1958, l'Université McGill est propriétaire de la montagne, à la suite d'un legs de son propriétaire, de 1913 à 1958, le brigadier Hamilton Gault.

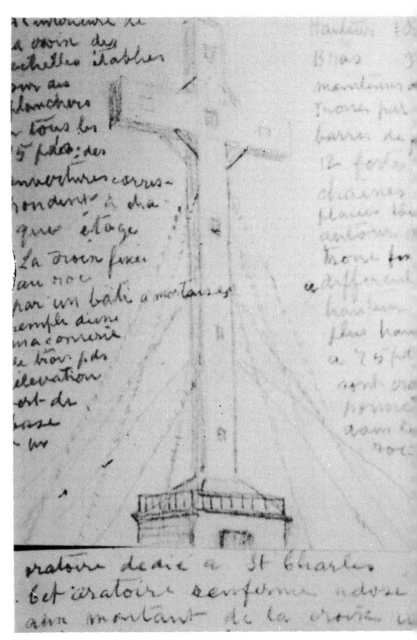

Dessin de la croix par Ozias Leduc, d'après une description parue dans les Mélanges Religieux en 1841.

Les Oblats de Marie-Immaculée à Saint-Hilaire [1]

Mgr Bourget, évêque de Montréal, succède à Mgr Lartigue dont il avait été le secrétaire, puis le coadjuteur. Son règne, de 1840 à 1885, est remarquable à plusieurs points de vue et nombre d'historiens se sont penchés sur cette époque. En 1841, par exemple, Mgr Bourget accomplit en Europe un voyage mémorable au cours duquel il sollicite plusieurs communautés religieuses, enseignantes et autres. Il rencontre Mgr de Mazenod, fondateur des Oblats de Marie-Immaculée, missionnaires dont la devise est *"Il m'a envoyé évangéliser les pauvres"*. Il lui demande d'envoyer des Oblats au Canada pour missionner auprès des Indiens de l'Abitibi et du Témiscamingue. Il obtient l'appui du fondateur et, la même année, quatre pères et un frère oblats débarquent à Montréal. Mgr Bourget imagine de les loger à Saint-Hilaire, où ils seront curés, puisque la paroisse a perdu son premier curé, Messire Odelin, en juin de la même année et que Mgr Bourget l'a de nouveau confiée - en attendant mieux - au curé de Beloeil. Mgr Bourget veut, entre autres, continuer l'oeuvre inaugurée par Mgr de Forbin-Janson, le Service des missions et des retraites pour le clergé et les fidèles, oeuvre pour laquelle il voulait des ouvriers évangélistes religieux qui puissent stimuler l'ardeur des fidèles.

Les Oblats sont-ils d'abord curés à Saint-Hilaire? Sont-ils surtout missionnaires là où ils sont appelés? Il semble qu'ils seront l'un et l'autre. Ce qui est certain, c'est que ces Oblats avaient besoin d'un pied-à-terre et que leur arrivée à Saint-Hilaire coïncide avec le regain de ferveur suscité par l'action de Mgr de Forbin-Janson et le rayonnement du *monument national* de la montagne.

Le presbytère-chapelle devient monastère

Messire Durocher, desservant à Saint-Hilaire, s'occupe de préparer l'arrivée des Pères. Il met les paroissiens au courant, leur annonce une retraite dont ils tireront les meilleurs fruits. Les paroissiens de Saint-Hilaire ne sont pas plus enthousiastes que cela, semble-t-il. Le curé Durocher écrit à son évêque:

> Les fidèles de Beloeil le désirent ardemment, mais les gens de Saint-Hilaire ne semblent pas goûter le bonheur qu'ils auront de posséder les Pères, pour me décharger surtout de Saint-Hilaire où je ne puis faire le bien, et il y en a beaucoup à faire.

Il ajoute qu'il logera volontiers une partie de l'hiver celui des Pères qui sera chargé de la cure de Saint-Hilaire. Cette offre donne à penser que le presbytère-chapelle de Saint-Hilaire est dans un état pitoyable et que le climat qui règne de ce côté de la rivière n'est pas des plus invitants. L'évêque remercie le brave curé de sa générosité et observe, en parlant des missionnaires: *Contentons-nous de leur procurer un honnête nécessaire aussi simplement que possible.* Puis il termine à l'appui du curé de Beloeil: *Espérons que la retraite ramènera ces endurcis de la montagne qui nous causent tant de tourments.*

Le 20 octobre, les paroissiens abandonnent la salle des habitants du presbytère-chapelle au profit des Pères Oblats qui, pendant ce temps, voguent encore sur l'océan vers leur mission canadienne dont ils ignorent à peu près tout[2]. Ils renoncent à leurs droits aussi longtemps que les Pères en auront besoin.

Le presbytère-chapelle de Saint-Hilaire devient donc le premier monastère des Oblats de Marie-Immaculée en terre canadienne. Du 13 décembre 1841 au 31 juillet 1842, toute la communauté oblate - ainsi que le noviciat - loge dans la salle publique du presbytère.

Le père Honorat, o.m.i., deuxième curé

Le père Jean-Baptiste Honorat, 42 ans, chef de la mission, est nommé curé. Il est né en France en 1799. Il a vingt années d'expérience comme ''missionnaire prédicateur'' de plusieurs diocèses français. On dit qu'il *possède à un degré remarquable le talent d'émouvoir les masses et d'entraîner des populations entières dans le bien* [3].

Il est retenu à Montréal par quelque malaise, tandis que ses confrères, les pères Pierre-André Telmon, Jean-Henri Baudrant et Lucien-Antoine Lagier, arrivés le 4 décembre

Le Père Jean-Baptiste Honorat o.m.i. Premier supérieur des Oblats au Canada et deuxième curé résident à Saint-Hilaire, en 1841.

sont à Saint-Hilaire le 7 décembre et célèbrent le lendemain

Le maître-autel qui servit à la première messe des Pères Oblats à Saint-Hilaire en 1841.

99

l'Immaculée-Conception, principale fête de leur Institut, ainsi que leur première messe en terre canadienne. Ce matin-là, le maître-autel est préparé par Eulalie Durocher, de Beloeil, et Hermine Hertel, fille du seigneur de Rouville. Cet autel de la première messe oblate est encore en usage aujourd'hui comme autel liturgique et il est probable qu'il ait servi au presbytère-chapelle depuis 1798. Quant à Hermine Hertel, elle prendra le voile sous le nom de Soeur Marie-Scolastique et Eulalie Durocher deviendra Mère Marie-Rose, fondatrice des Soeurs des Saints Noms de Jésus et de Marie, efflorescence d'une communauté du même nom, à Marseille et dont les Oblats de Marie-Immaculée seront les directeurs spirituels, le père Telmon, en particulier [4].

Dès le 18 février 1842, le père Honorat érige dans l'église la dévotion de la Voie de la Croix, dévotion à laquelle les gens de Saint-Hilaire sont déjà initiés depuis les prédications de Mgr de Forbin-Janson et la bénédiction retentissante du chemin de croix de la montagne.

Le père Telmon, desservant

Le père Pierre Adrien Telmon o.m.i. desservant.

Le père Honorat, précédé de sa réputation de prédicateur, est en demande un peu partout. Il est le plus souvent absent. C'est le père Telmon qui prend la vedette. Pendant une grande mission de carême, il établit la congrégation des Filles de Marie-Immaculée, à Beloeil [4a], congrégation à laquelle des gens de Saint-Hilaire se joignent. Ils suivent les exercices à Beloeil parce que leur église ne peut décemment être choisie, toute inachevée qu'elle est.

Le père Telmon se préoccupe aussi du côté matériel et travaille à améliorer l'église où il reste beaucoup à faire pour qu'elle soit un temple convenable.

Ainsi, il procède au rapprochement des deux rangées de bancs obstruées par les piliers qui soutiennent la voûte en construction, et cela au point où les piliers se trouvent à fleur de banc. Ces bancs seront replacés au même endroit, en 1844, à la suite d'une décision des marguilliers. L'église contient alors 103 bancs.

Le père Telmon se préoccupe aussi de faire terminer les travaux de la voûte. Un hiver particulièrement rigoureux explique l'urgence d'une telle entreprise. Les moyens de la fabrique sont maigres. Le père Telmon expose les besoins à l'évêque: hors la voûte, la charpente a besoin d'être consolidée, elle menace ruine par le vice de sa construction... L'évêque accorde la permission d'effectuer un emprunt. Un marché est passé, le 10 avril, avec le sieur Antoine Provost, devant le notaire Davignon. Les travaux progressent lentement. En septembre, ils ne sont pas terminés. Le tout aura coûté 6 143 livres, sans la peinture qui exigea un déboursé supplémentaire de 1 400 livres et qui ne fut appliquée qu'en 1844.

À la même époque, Mgr Bourget autorise les marguilliers à concéder un double banc à l'honorable Jean-Baptiste René Hertel de Rouville, en reconnaissance des services qu'il a rendus à la paroisse. Le banc est installé du côté de l'épitre, en un lieu différent de celui qui est prévu par la loi pour le banc seigneurial. Ce banc était adossé au mur latéral, face à la chaire. Il fut refait plus tard pour lui donner l'allure d'aujourd'hui.

Quand l'évêque fait sa visite pastorale à Saint-Hilaire, cette année 1842, il s'en prend aux marguilliers: les comptes de la fabrique n'ont pas été rendus depuis 1833; seuls ceux de 1833, 1834 et 1835 ont fait l'objet d'une approbation. Une reddition plus fidèle leur est fortement recommandée. Il souligne aussi que les ordonnances de la visite de 1834 n'ont pas été exécutées et il ordonne qu'elles le soient immédiatement: que l'on fasse deux confessionnaux, un pour la sacristie, un pour l'église. Les fonts baptismaux sont logés dans une armoire au banc d'oeuvre, pour l'été; il n'est pas question pour le moment de construire un baptistère.

Le père Lagier, suppléant [5]

Le père Lucien Antoine Lagier, o.m.i. troisième curé résident (1814-1874).

Quand Mgr Bourget a choisi le presbytère-chapelle de Saint-Hilaire comme pied-à-terre des Oblats qu'il avait obtenus de Mgr de Mazenod, leur avait-il proposé ce poste, en attendant, afin qu'ils puissent de là avoir l'oeil ailleurs? Toujours est-il que leur mission de Saint-Hilaire devait être de courte durée. Leur supérieur, le père Honorat, voyage beaucoup. Au cours de ses nombreuses pérégrinations dans le diocèse de Montréal, - immense à cette époque,- il avise le village de Longueuil. Mgr Bourget accepte qu'il s'y installe avec ses religieux. Les Pères quittent Saint-Hilaire, à la fin de 1842 et y laissent le père Lagier, à titre de suppléant, en attendant que l'évêque y pourvoie autrement.

Le père Lagier est né le 18 juin 1806. Il a beaucoup voyagé, comme missionnaire. Son supérieur, le père Honorat, ne lui abandonne pas, à Saint-Hilaire, une situation facile. Le presbytère-monastère est dans un état de délabrement total: ce qui a peut-être hâté le départ de la communauté. Le père Lagier ressent-il ce manque de considération des paroissiens exprimé par cette négligence, du reste pas nouvelle, puisque le curé Odelin en a cruellement souffert? Toujours est-il qu'il va rester au presbytère de Beloeil, chez le toujours accueillant curé Durocher. Au surplus, il est appelé à aller prêcher ici et là retraites et missions, et est alors remplacé par le curé Théophile Durocher ou par son frère Eusèbe.

Il en fallait moins pour que les fidèles de Saint-Hilaire se sentent de nouveau délaissés et humiliés. Leur réaction ne se fait pas attendre. Une fois de plus, c'est le seigneur qui se charge de l'exprimer. M. de Rouville réclame de l'évêque la résidence permanente de leur pasteur dans leur presbytère. Tout en vantant les mérites du père Lagier, il veut obtenir la promesse de son retour pour la Saint-Michel: ... *avec comme condition qu'il résiderait dans notre presbytère, et non à Beloeil, comme cela a été pratiqué depuis près de trois mois, au grand préjudice de la paroisse.* Il attribue cette situation au favoritisme accordé à messire Durocher et il termine ainsi: *Ceci est dû au père Honorat qui en veut la mort jurée à cette paroisse, et cela pour l'avoir trop bien reçu, et plus qu'il ne méritait.*

On ignore le fondement de cette accusation. Ce qui est certain, c'est que des missionnaires méthodistes d'origine suisse, établis à la Grande-Ligne de Saint-Blaise depuis 1835, font la cour aux récalcitrants de la montagne et tentent, à cette période de malaise entre eux et ceux des premières concessions, de recruter des adeptes ainsi qu'il est facile de le faire en périodes difficiles. Ils offrent même des sommes considérables à certains individus, mais en vain, affirme messire Lagier.

Ainsi, les Oblats de Marie-Immaculée n'auront fait que passer à Saint-Hilaire.

1. Voir *La Bannière,* Annales des missionnaires Oblats, Ottawa, 1941.
2. Le 29 octobre, le seigneur de Rouville fait don aux Oblats d'une terre de 108 arpents, devant Coursolles, n.p. Après le départ des Oblats, M. de Rouville fit résilier cette donation et revendit la terre à Isaac Gadbois et C.E. Letestu.
3. Il repartit pour la France en 1858 et y mourut dix ans plus tard, en 1868.
4. DUCHAUSSOIS, Pierre, *op. cit.,* p. 93.
4a. MORIN, Conrad M., o.f.m., *Une "primaria" canadienne: La congrégation des Filles de Marie-Immaculée,* p. 13, Outremont-Montréal, 1954.
5. CARRIÈRE, Gaston, *"Lucien Antoine Lagier"*, D.B.C., vol. X, p. 460.

Les édifices curiaux aux débuts du siècle.

Une paroisse en plein essor.

Les pères Oblats sont assez longtemps à Saint-Hilaire pour se préoccuper, avec les paroissiens, de la finition intérieure de l'église. Le vice de la charpente était connu et, depuis peu, on s'affairait à terminer la voûte. Les travaux entrepris par le sieur Provost dureront jusqu'en 1845. Il ne restera alors pas assez d'argent pour enclore le cimetière et la cour du presbytère.

Pourtant, le curé Quévillon (1843-1844) achète cette année-là 600 perches et 150 piquets, ce qui permet de supposer que la clôture sera de bois et non de pierre, comme on l'avait projeté. Un marché, en date du 24 juillet 1845, engage envers les marguilliers Isidore Authier, Jean-Marie Gibouleau et Pierre Bessette, le cultivateur et menuisier Désiré Provost, de Saint-Marc, pour clôturer le cimetière, moyennant la somme de 600 livres. Quant à la voûte, elle ne sera pas terminée sans que l'évêque autorise un emprunt supplémentaire.

Décidément, les paroissiens de Saint-Hilaire ne sont pas riches. Aussi le sort du curé Quévillon n'est guère meilleur que celui du père Lagier. Il confie à son évêque qu'il est plus heureux qu'il ne le mérite. Il est cependant discret sur ses revenus, inférieurs à ceux de bien d'autres curés, et il affirme qu'il pourra vivre en économisant. Ce qui ne l'empêche pas de témoigner d'un zèle certain pour la mise sur pied d'écoles dans la paroisse.

À peine seize mois après son arrivée, les paroissiens reçoivent la visite du curé Durocher, mandaté par l'évêque, qui leur annonce deux choses: leur curé est muté dans une autre paroisse et ils doivent se concerter et aviser à des moyens plus stables afin de remédier à leur négligence envers leur pasteur. Près de la moitié des paroissiens refusent de souscrire et les habitants de la montagne ne souscrivent que 5 livres, 17 chelins. L'évêque décide de punir leur manque de zèle et de bonne volonté. Le curé Quévillon ne sera pas remplacé et la paroisse sera une fois de plus desservie par le curé Durocher, pendant douze mois.

Les fidèles réagissent

Humiliés, les gens de Saint-Hilaire rejettent le blâme sur le curé de Beloeil qu'ils accusent même du départ de leur curé. Ils sont, hélas, bien mal disposés à profiter de son ministère. C'est l'anarchie: les montagnards et les fidèles des Étangs vont vers le curé de Saint-Jean-Baptiste. L'évêque intervient: le curé Hotte reçoit l'ordre de les renvoyer à leur paroisse pour les célébrations et les sacrements. Le curé Durocher n'en peut plus, même si son évêque lui accorde un vicaire. Les gens de Saint-Hilaire refusent de le nommer commissaire de leurs écoles car ils veulent toujours un curé bien à eux. Cependant, il se préoccupe de l'instruction des enfants et songe à mettre un maître d'école dans le presbytère afin d'éviter les dommages qui résulteraient de sa désaffection. Commissaire d'écoles, il eut volontiers accepté cette charge dans l'intérêt de la paroisse, *pour remédier plus efficacement à une école mixte tenue par un homme*. Il ne cache pas son espoir d'être déchargé au plus tôt de cette desserte ingrate.

Thomas Edmund Campbell, 6e seigneur de Rouville[1]

Pendant ce temps, les affaires de la seigneurie prennent une nouvelle tournure. L'honorable Hertel de Rouville avait dû, en 1844, vendre sa seigneurie, à cause de sa situation financière précaire: il était menacé de saisie depuis 1842. Ainsi se termine la dynastie des Hertel de Rouville. 150 ans maîtres de la seigneurie, ils ne l'avaient habitée que pendant 25 ans mais le dernier Rouville l'avait marquée de son infatigable zèle pour le progrès et de la paroisse et de la seigneurie.

Qui est l'acheteur? Le major Thomas Edmund Campbell. Il est venu au Canada en 1838, avec son régiment mobilisé pour contenir l'agitation des Patriotes. Sa mission au pays porte fruits. Il a l'occasion de rencontrer le seigneur de Rouville, mobilisé comme lui contre les insurgés. Il épouse, en 1841, une canadienne catholique apparentée au seigneur de Rouville, Henriette Juchereau-Duchesnay. Une fois l'insurrection apaisée, le major Campbell retourne en Angleterre avec sa jeune épouse. C'est pendant ce séjour dans son pays qu'il acquiert la seigneurie de Rouville, par l'intermédiaire de son beau-frère, Antoine Juchereau-Duchesnay, qui traite avec le docteur Jean-Baptiste Brousseau, de Beloeil, fondé de pouvoir du seigneur Hertel de Rouville.

Le major Campbell revient au pays, après cinq ans de séjour là-bas, avec son épouse et deux fils. Il s'installe au manoir seigneurial et entreprend de donner à son territoire un nouveau souffle de vie. Il est nanti d'une fortune considérable

Le manoir seigneurial agrandi à partir de celui de Rouville par le major T.E. Campbell après son retour d'Angleterre en 1846.

qui, à elle seule, eût suffi à relancer l'économie locale. La navigation à vapeur se déploie sur le Richelieu et, dès 1848, un nouveau chemin de fer dessert son territoire. Ces deux derniers facteurs, alliés à sa fortune et à ses talents d'administrateur, favorisent l'explosion d'une prospérité inattendue, nouveau style. Il multiplie les moulins le long du ruisseau de la montagne[2]. Il encourage la plantation de nouveaux vergers et l'exploitation des érablières. En même temps, il fait du manoir de Rouville le château dont s'enorgueillissent aujourd'hui les Hilairemontais.

Le Major jouit d'une influence considérable au pays, dans tous les milieux, aussi bien politiques, financiers, agricoles que religieux. Ses états de service et sa forte personnalité contribuent à ce succès. Par-dessus tout, son alliance à une Canadienne de bonne bourgeoisie et sa grande générosité lui valent l'estime de ses censitaires. Toutes les affaires de la seigneurie sont traitées en français. Il donne, par son exemple, un nouvel essor à l'agriculture. Il refuse des fonctions importantes, pour mieux se consacrer aux intérêts de sa seigneurie.

Madame Campbell a un charisme particulier pour l'éducation des jeunes filles. Elle obtient que le Major donne un lopin de terre pour une école de filles au village: le lot no 6 du village reçu par les commissaires Pierre Bessette, C.E. Letêtu et François Edesse Tétreau-Ducharme. (Il correspond à l'emplacement de l'école Sacré-Cœur d'aujourd'hui.)

Pendant ce temps, le curé Timothé Prime Paul Filiatreau est, depuis le 5 septembre 1845, curé à Saint-Hilaire. Il a 32 ans, mais sa santé est délabrée à cause d'un accident et il peut à peine s'occuper du ministère des âmes. À tout instant, il doit laisser sa cure et prendre un repos, et ce sont les Pères Oblats qui viennent au moins donner la messe du dimanche.

Madame Campbell supporte fort mal cette irrégularité du service pastoral. Elle reprend, à l'instar de M. de Rouville, de longs échanges avec l'évêque. Elle commente la situation tout à fait anormale de la paroisse. Elle décrit sa conception bien personnelle d'un curé de paroisse: *Une personne non pas scrupuleuse mais bien stricte, qui aimerait la société un peu et aurait de l'esprit et éducation, enfin qui saurait s'insinuer sans que l'on s'en aperçoive et discuterait sans paraître le faire.* Ce portrait du curé tracé par la seigneuresse Campbell est révélateur. On y sent la solitude dont elle souffre, à cause de son rang social, de sa culture et de sa fortune.

Le Major Thomas Edmund Campbell et son épouse Henriette Juchereau- Duchesnay. Archives Couvent de Saint-Hilaire.

Toutefois, son éloquence est sans lendemain: l'évêque ne peut satisfaire à ses exigences et se contente de lui rappeler que les paroissiens de Saint-Hilaire doivent s'engager à garantir à leur pasteur 100 livres annuellement (400 dollars). Lorsqu'il retirera messire Filiatreault, à cause de sa santé, en septembre, la cure sera de nouveau vacante et desservie plusieurs semaines par les curés des quatre paroisses voisines.

Quand le curé Joseph Morin, né en 1823, arrive à Saint-Hilaire en octobre 1848, il est le premier à bénéficier d'un engagement ferme des paroissiens à assurer un salaire de 100 livres par année au curé, chacun devant payer une somme proportionnelle à la valeur de sa propriété, valeur déterminée par les nouveaux commissaires municipaux [3]. La générosité de la seigneuresse est cependant nécessaire pour arrondir la somme requise pour le curé attendu. Ainsi, le 15 octobre, après la visite pastorale de Mgr Bourget, le vicaire Morin de Verchères est appelé à la paroisse de Saint-Hilaire. Lors de son passage, l'évêque a approuvé les comptes de la fabrique pour les années 1831 à 1844. Avec raison, il ordonne que les marguilliers, à l'avenir, rendent compte de leur mandat à la fin de chaque année.

Par intervalles, les vergers de la montagne sont envahis par les insectes car la concentration des pommiers en favorise la multiplication et on ignore, à cette époque, l'usage des insecticides [4]. Ainsi, en juin 1849, les chenilles font des dommages considérables et l'évêque donne la permission d'organiser une procession religieuse et des prières publiques pour conjurer le désastre. *Il faut bien faire comprendre, disait-il, à ceux qui y habitent* (la montagne) *qu'ils doivent faire de dignes fruits de pénitence et réparer de toutes leurs forces leur mauvaise volonté passée à l'égard du soutien de leur curé et autres mauvaises affaires dont ils se souviennent parfaitement.* Décidément, les habitants de la montagne ont mauvaise réputation.

La montagne et son Pain de sucre n'a pas encore perdu son caractère de lieu bénit. La grande croix s'est écrasée, il est vrai, le 13 octobre 1846, mais la chapelle résiste toujours et de temps à autre des groupes de pèlerins s'y rendent. On n'a pas encore abandonné l'idée de garder le monument et d'y installer un prêtre pour l'accueil des pèlerins. Le major Campbell, fidèle à l'engagement de son prédécesseur, tient en réserve en ce lieu un terrain destiné à la construction éventuelle d'une maison. Madame Campbell écrit à Mgr Bourget afin de connaître ses intentions, mais le projet est tellement utopique qu'il finit par tomber dans l'oubli.

La paroisse: noyau social

En plus de jouer son rôle spirituel, la paroisse engendre un noyau social dont l'importance n'est pas négligeable. Elle est employeur et consommateur; son incidence d'ordre économique est importante, car plusieurs paroissiens y trouvent leur compte: blanchisseuses, chantres, bedeau, marchands, artisans, journaliers, forgerons, maçons, menuisiers... Le marchand fournit les cierges, les savons, la cire, les étoffes, etc. Les dames Letestu et Goulet sont les blanchisseuses attitrées et elles façonnent les cierges. Depuis 1812, le sieur Letestu chante les messes et les chantera jusqu'à sa mort, en 1873. Les François Côté, père et fils, chanteront encore en 1868. La fonction du bedeau est multiple: il est sacristain, il lave l'église, sonne les cloches, enlève la neige, entretient le feu des deux fournaises qu'il mine régulièrement... Son salaire est la somme de une livre, 10 sols payés par chaque paroissien, plus un quart de blé et une partie du casuel, sans oublier le creusage des fosses qu'il fait à son profit. Par comparaison, ces chiffres permettent d'avoir une idée des revenus moyens des habitants à cette époque. Au coeur de la paroisse comme telle, préside le curé qui surveille tous les travaux concernant l'église, le presbytère et autres dépendances.

Un autre noyau social se forme aussi autour du seigneur, maître d'oeuvre de son territoire. Il emploie des fermiers sur ses propres terres, des meuniers dans ses moulins, des menuisiers, des hommes à tout faire et des femmes pour l'entretien de son manoir, ses cuisines et autres... Quand le seigneur est riche comme le major Campbell, en plus d'être le seigneur qui use de ses droits traditionnels, son domaine devient un noyau économique important.

Cinq curés se succèdent

Le chantier de l'église est toujours en souffrance. Le fait que tant de curés et de desservants se succèdent à Saint-Hilaire entre les années 1830 et 1848 fournit une explication certaine à tous ces délais que nous pouvons relever à un siècle de distance, d'abord quand il s'est agi de bâtir l'église, puis maintenant qu'il s'agit de la finir à l'intérieur. Les paroissiens ne sont pas riches et pas plus zélés que cela: c'est vrai, si l'on s'en tient aux faits déjà relatés. Seront-ils tellement plus riches quelques années plus tard? Peut-être pas. Est-ce leur piété qui sera stimulée? ou est-ce leur fierté? L'avenir nous le dira.

Sous le curé Morin (1848-1852), sixième en ligne, Mgr Bourget lors de sa visite pastorale recommande de faire des réparations à l'église, à la sacristie et au presbytère et même d'enclore le cimetière. (Ce dernier travail n'a donc pas été complété.) La fabrique fait, à cette époque, face à un problème: un des procureurs pour les travaux de réfection de l'église, J.-M. Gibouleau, est mort en 1839, et la somme de 4 786 livres qu'il devait à la fabrique est impayée. Sa veuve prétend retenir la somme comme étant le salaire dû au procureur défunt. L'évêque autorise une poursuite contre la veuve Gibouleau. L'affaire s'arrange finalement à l'amiable: les héritiers remettent les 764 livres qui restent plus 1 094 livres et acquittent le compte du notaire Robitaille au montant de 500 livres [5]. (Un des héritiers était Joseph Leroux dit Cardinal, époux de Lucie Gibouleau.) Rien n'empêche que le crépissage de l'église, à l'intérieur comme à l'extérieur, ne sera fait par Français Côté, maçon de la paroisse, qu'après le départ du curé Morin.

Messire Durocher, une fois encore, est appelé à desservir Saint-Hilaire en attendant le remplaçant. Pour la dernière fois car, en 1852, il met un terme à son mandat, après 21 ans à la tête de la paroisse de Beloeil, terme exceptionnellement long pour un curé de cette époque. Il est regretté de ses ouailles et même des paroissiens de Saint-Hilaire dont il avait été le pasteur suppléant en maintes occasions. Cette année-là, un incendie détruit l'évêché de Montréal, construit par Mgr Bourget. La désorganisation temporaire qui s'ensuit précipite peut-être la création d'un nouveau diocèse avec siège épiscopal à Saint-Hyacinthe. Le nouveau diocèse englobe la paroisse de Saint-Hilaire [6].

Le curé de Saint-Jacques-le-Mineur, Messire F.-X. Caisse, est nommé à Saint-Hilaire en 1852. Il a trente ans; c'est sa troisième cure. Il hérite d'un problème qui prend de plus en plus d'importance: le manque de places de bancs à l'église. Sous sa présidence, les marguilliers Pierre Germain, Alexis Blain et Édouard L'Heureux font un marché, le 30 juin, avec Toussaint Guillot, menuisier de la paroisse, pour la construction d'un jubé de 22 pieds de profondeur, solidement

Mgr Jean-Charles Prince, premier évêque de Saint-Hyacinthe de 1852 à 1860.

appuyé et devant loger quarante-six bancs comme ceux de la nef, une place pour l'orgue et deux escaliers, le tout pour la somme de 218 livres payable par versements de 25 livres par année. Près de deux ans plus tard, ce jubé n'est pas encore terminé. Il n'a pas été livré, comme on l'avait souhaité, pour la messe de minuit de 1853. En fait, ce jubé fut terminé en 1855 par Flavie Guillot, pour une somme additionnelle de 1 000 livres.

Messire Caisse, tout jeune qu'il soit, ne jouit pas d'une santé florissante. Il doit prendre un repos prolongé à quelques reprises et la paroisse s'en remet alors à des prêtres de passage, jusqu'à ce qu'il renonce à son poste et soit remplacé par le curé Octave Monet, en 1854.

C'est sous le curé Monet (1854-1856) que les travaux de l'église sont repris sérieusement et seront complétés de façon remarquable. La ferveur des paroissiens est-elle en cause ou s'éveille-t-elle? L'époque héroïque semble révolue. Le curé Monet a 33 ans. Il a été auparavant curé à Notre-Dame de Bonsecours, à Stukeley. Physiquement, c'est un colosse. Il est un orateur sacré réputé et sans doute sait-il, grâce à ce don, stimuler l'ardeur des fidèles. Toujours est-il que son passage est marqué de plusieurs travaux d'aménagement de l'intérieur de l'église. Le temple qui aspirait depuis longtemps à la décence est enfin doté d'accessoires modestes mais de bon goût.

À cause de ses ressources limitées, la fabrique procède depuis toujours par étapes, plus ou moins timides. La voûte et les colonnes ont été terminées dans les années 1842 et 1843. Le crépissage des murs, le chemin couvert et le jubé, dans les années 1852 et 1853. Ce qui reste à faire, c'est la finition qui donnera à l'ensemble l'allure d'un lieu de prière respectable et attrayant: des stalles dans le choeur, une balustrade, des autels latéraux, un vestiaire et des confessionnaux convenables... Il s'agit surtout de travaux de menuiserie. Et les paroissiens auront à ce sujet l'appui du nouveau seigneur, le major Campbell. Il est maintenant installé. Il a réglé tous les problèmes de sa seigneurie et de son domaine. Voilà qu'il suit avec intérêt les travaux de construction de l'église, stimulé en cela par la seigneuresse qui est une paroissienne fervente. Le couple désire ardemment que l'intérieur de l'église soit aménagé. Il prête gratuitement à la fabrique son excellent menuisier, Daniel Somerville; il fait dresser par son architecte, Y. Lanford, des plans pour le sanctuaire, les stalles et les autels. Des mauvaises langues diront par la suite que l'église Saint-Hilaire a l'air d'un temple protestant; la boutade est certes péjorative.

Les stalles du choeur.

Croquis pour de nouveaux autels, des stalles et un trône pour l'église de Saint-Hilaire, par Y. Landford, architecte (sans date).

Le maître-autel

L'autel qui a servi au presbytère-chapelle, en 1798, a été installé, en 1837, dans la nouvelle église et il a été l'autel de la première messe des Oblats de Marie-Immaculée en terre canadienne [7]. Il est de l'époque où le célèbre sculpteur Louis Quevillon (1749-1823) et son élève Joseph Pépin, âgés respectivement de 68 et 47 ans, oeuvrent à l'église Saint-Jean-Baptiste, autour de 1817, pour y sculpter la chaire, la voûte, le banc d'oeuvre. Il n'est pas impossible qu'il ait été l'oeuvre d'un des nombreux élèves qui accompagnaient les maîtres dans leurs travaux. Les livres des délibérations ne sont pas bavards sur ce sujet. Ils sont même incomplets. Et les actes du notaire Narcisse Robitaille, qui a rédigé la plupart des marchés concernant les travaux de l'église, sont disparus de son minutier. Les chercheurs n'ont encore rien trouvé [8].

Par contre, nous savons que, le 25 décembre 1854, les sieurs Joseph Authier et Félix Martin (1829-1922), menuisiers de la paroisse, entreprennent de faire, selon les plans du major Campbell, pour le curé Octave Monet et les marguilliers Alexis Blain, Édouard L'Heureux et François-Edesse Tétro-Ducharme, les deux autels latéraux, les stalles, les confessionnaux, un vestaire, une balustrade et autres travaux pour la somme de 370 livres, *à être livré, fait et parfait, le 1er novembre 1855, mais les deux autels, le 1er mai 1856*. Tous ces travaux sont remis et livrés le 23 août 1856. Il n'est pas question de la chaire.

La chaire

La tradition orale veut à tout prix que Joseph Pépin soit l'auteur de la magnifique chaire de Saint-Hilaire. Nous avons déjà vu que, au début des pourparlers ayant entouré la construction de l'église, Joseph Pépin a fait des propositions dont on ignore toujours le contenu. Là se limite la participation certaine de Pépin: des propositions écrites. Nous avons tout lieu de douter qu'il ait fait la chaire de l'église Saint-Hilaire, puisque des témoins dignes de foi ont affirmé que la chaire fit son apparition sous le curé Monet, en 1855 [9]. Il y eut sans

La chaire et son abat-voix. Photo J. Robillard.

Détail de la chaire.

doute, avant cette chaire, une installation quelconque puisque, depuis les débuts, le livre des délibérations réfère "au côté de la chaire" et "au côté du banc d'oeuvre"[10]. En 1855, Joseph Pépin aurait eu 84 ans. Il est difficile de penser qu'à cet âge, il ait pu entreprendre et réussir un tel chef-d'oeuvre. L'hypothèse la plus plausible et la plus acceptable est que cette chaire ait été faite antérieurement, par Pépin peut-être pour une autre église, et qu'elle ait été transportée et mise en place à Saint-Hilaire, en 1855.

Le passage couvert en bois, la cheminée en construction. On remarque un peintre au haut du clocher. Archives Soc. d'Histoire de Beloeil-Mont-Saint-Hilaire.

Le chemin couvert

Félix Martin, maître-menuisier et maire de 1885 à 1886.

Le 23 août 1856, les marguilliers passent un marché avec Félix Martin et Joachim Authier pour la construction d'un chemin couvert de 38 pieds par 10 pieds, entre la sacristie et l'église, devant le notaire J.N. Robitaille. Cette addition est projetée depuis quelques années, mais retardée pour toutes sortes de raisons, jusqu'à ce que Mgr Prince l'ordonne pour des raisons de commodité impérieuses.

Ce sera la dernière entreprise dirigée par le curé Monet qui est muté le 18 septembre et quitte la paroisse le 3 octobre. Il aura été le témoin, pour ne pas dire l'inspirateur, de la plupart des travaux de finition de l'intérieur de l'église que les fidèles d'aujourd'hui peuvent encore admirer.

Le neuvième curé

Hilaire Millier, (1856-1860), a 33 ans quand il est nommé à Saint-Hilaire. Il laisse l'enseignement au séminaire de Stanstead. Plus tard, à Sorel, de 1861 à 1875, il fondera l'hôpital et un collège classique, sera dix ans curé à Beloeil et finira grand vicaire du diocèse, en 1889.

À Saint-Hilaire, il est accaparé par des problèmes matériels, souffre dans sa santé, menace de quitter son poste parce que la dîme est insuffisante...

Les marguilliers décident, en 1857, de réparer le portail et la corniche qui menacent ruine, de refaire la moitié de la couverture du presbytère, de peinturer toute la couverture, d'ajouter du ciment entre l'église et la sacristie et du fer blanc sur l'église. On fait aussi un perron en bois et d'autres menues réparations aux édifices et à la sacristie, voire même à la place de l'église et du presbytère qui, depuis 1853, est enrichie d'une magnifique plantation de pins donnée par Madame Campbell. Il faut réparer la côte de la fabrique (le bord de la rivière) excepté la partie qui sert à la traverse. Tous ces travaux sont répartis sur deux ans et coûtent la jolie somme de 2 158 livres.

Déjà aux prises avec une maladie pernicieuse, le curé Millier supporte très mal l'hiver 1858 qui est extrêmement rigoureux. À l'automne, il menace de quitter son poste parce que la dîme est trop maigre. Les propriétaires réagissent: cinquante d'entre eux, dont plusieurs de la montagne, s'engagent devant le notaire Robitaille à payer leur quote-part au curé qui quittera finalement en 1860.

Au surplus, ces années-là, l'atmosphère est troublée par l'aventure retentissante de l'abbé Chiniquy, *"ce pasteur changé en loup dévorant"*, qui est excommunié. À Saint-Hilaire où il se présente, on lui refuse, qui une salle pour s'adresser aux gens, qui un logement. La population veut le lyncher; il doit être protégé par une escorte pour sortir de la paroisse.

Un homme actif: Messire Isaïe Soly (1860-1866)

Isaïe Soly, auparavant vicaire à la cathédrale de Saint-Hyacinthe, se révèle dès son arrivée, le 26 septembre 1860, un curé entreprenant, un bon administrateur et même un homme d'affaires. Il a le style du chef d'orchestre dont la paroisse avait besoin pour progresser. À l'église, il obtient la construction d'un deuxième jubé, celui des soeurs, au-dessus du maître-autel: ce jubé servira de choeur à chanter pendant de nombreuses années. Il donne suite à une recommandation de l'évêque, à savoir qu'on remplace sur l'autel central la statue de la vierge par une statue du patron de la paroisse saint Hilaire.

Il y a trop de pertes de revenus sur la vente des bancs: le curé Soly prépare un règlement en vingt et un points sur le paiement des bancs...

Il se préoccupe aussi de l'avancement de la localité: il

suscite la formation d'une corporation de village et entreprend la construction d'un aqueduc. Voici, certes, une initiative imprévue de la part d'un curé, mais elle a un effet salutaire: l'élite de la paroisse - du village - engagée dans l'entreprise, prend conscience de ses pouvoirs et, désormais, sera plus présente aux affaires de la communauté et même de la paroisse.

Un schisme

Jusqu'ici, la paroisse Saint-Hilaire, indépendamment des tensions avec les habitants des Étangs et des mentalités différentes des habitants des premières concessions et de ceux de la montagne - agriculteurs contre pomiculteurs -, présente un front relativement uni. Toutes les familles se reconnaissent catholiques, plus ou moins ferventes, plus ou moins empressées à payer leur quote-part à l'église et au curé, mais soucieuses tout de même d'avoir une église et un curé pour l'aimer.

Il arrive des conversions; il arrive aussi que des gens d'ailleurs fassent baptiser leurs enfants à Saint-Hilaire. De 1853 à 1857, on relève aux registres soixante baptêmes de sujets non résidents dans la paroisse. Est-ce dû au fait que, pour être admis à l'éducation soignée dispensée aux jeunes filles du couvent par les Soeurs des SS. NN. de Jésus et de Marie, il faille être catholique?

À cette époque, il y a aussi des apostasies, particulièrement dans les années 1850, dont la plus connue est certainement celle de François *"Zomé"* Auclair (1814-1893), fils de Charles, habitant le rang des Étangs. Il a épousé, en 1846, Sophronie Vadnais, qui lui donne quinze enfants. À 46 ans, il allait faire baptiser son huitième enfant, Georgine, née le 20 juin 1860. Messire Millier est alors curé. Il y a malentendu, un malentendu dont l'origine reste inconnue. Monsieur Auclair quitte le curé sur un désaccord profond, au point où il retourne chez lui sans avoir fait baptiser sa fille.

C'est alors que le pasteur de l'Église baptiste de Marieville entre en scène: il entend parler de la frustration du sieur Auclair; il le courtise, lui offre l'hospitalité de son église et la gratuité de tous ses services religieux. François Auclair se rend donc, le 15 octobre, avec son épouse et quatre de ses enfants, les faire enregistrer à l'Église baptiste. L'accompagnent lors de la cérémonie, Joseph, Ulysse, Ludger et le bébé Georgine. Par la suite, ses descendants se réclament de cette Église, excepté l'aînée, Sophronie, qui demeure catholique et sera inhumée dans le cimetière paroissial. Neuf fils survivent à François Auclair qui meurt à 78 ans, en 1893, et ils auront une nombreuse postérité. Le clan des Auclair est partagé entre plusieurs souches issues des frères de François. Les plus connus à Saint-Hilaire sont ceux qui figurent aux registres de la paroisse catholique.

Les fils de François Auclair. Debout de g. à d. Henri, Samuel, Albert, Ludger, Napoléon, assis: Jos, Philibert, Francis, Ulysse.

1. CARDINAL, Armand, *op. cit.*, p. 65.
2. CARDINAL, Armand, "Les moulins de la montagne", *Les Cahiers d'histoire de la Société d'histoire Beloeil-Mont-Saint-Hilaire*, no. 3, 1980.
3. Avec les nouveaux commissaires municipaux, on avait établi la première évaluation foncière de la communauté hilairemontaise.
4. CARDINAL, Armand, "Origine de la pomiculture à Saint-Hilaire", *Les Cahiers d'histoire de la Société d'histoire Beloeil-Mont-Saint-Hilaire*, no. 8, 1982.
5. Le notaire Jos Narcisse Robitaille demeurait au village, près de l'église, sur le lot no 5, rue Sainte-Anne. Il sera le premier secrétaire-trésorier de la paroisse, en 1855.
6. Beloeil, Saint-Marc et Saint-Antoine furent détachées du diocèse de Montréal pour être rattachées à ce nouveau diocèse, le 13 mai 1854.
7. Depuis Vatican II et le renouveau liturgique, le petit autel a repris sa place au centre du sanctuaire.
8. Les informations pertinentes au notaire Narcisse Robitaille qui supportent l'histoire se limitent au répertoire de ce notaire.
9. Lettre de Gustave Millette à Ozias Leduc, 1929. Collection personnelle de l'auteur.
10. *Idem.*

Le major Thomas Edmund Campbell et sa famille à l'entrée de leur nouveau manoir en 1863.

HUITIÈME

1865-1900 Une période agitée.

À cette époque de notre histoire religieuse et profane, un vent de liberté souffle un peu partout. Certains mouvements de pensée nés à Montréal trouvent appui dans la vallée du Richelieu, cette même région qui avait été secouée par la rébellion de 1837-1838. Les laïcs prennent un intérêt inattendu, par exemple, dans les affaires temporelles de l'Église. À Saint-Hilaire, cette tendance s'affirme depuis le passage du curé Soly, dont l'action dans des domaines profanes comme celui de l'administration municipale a réveillé une bonne partie de la population, désormais plus consciente de son autorité et de ses pouvoirs de délibération et de décision. Cette tendance gagne aisément les affaires de la fabrique: des clans se forment et des disputes sont transportées sur la place publique. La période de 1865 à 1880 est ainsi marquée de plus d'un remous à Saint-Hilaire.

Mgr Charles Larocque, sacré troisième évêque de Saint-Hyacinthe le 31 juillet 1866, choisit d'établir ses quartiers au presbytère Saint-Matthieu de Beloeil où il demeurera jusqu'en 1875, pour des raisons d'économie, semble-t-il: la situation financière de Saint-Hyacinthe est précaire, Saint-Matthieu est plus riche que Saint-Hyacinthe et *"rend mieux"*, dit-on malicieusement[1]. Cette décision aura un effet désastreux sur ses relations avec les paroissiens de Saint-Hilaire: cette période connaîtra plusieurs affrontements entre eux et Mgr Larocque. Les fidèles de Saint-Hilaire sont cependant les premiers à le recevoir et à lui présenter une ronflante adresse de félicitations et de bons voeux, lorsqu'il descend du train à la gare du village

Mgr Charles Larocque, évêque de
Saint-Hyacinthe de 1866 à 1875.

Saint-Hilaire, choisie par le nouvel élu parce que cette gare est plus près du presbytère de Beloeil que celle même de Beloeil.

Les grands événements de la période sont d'abord d'ordre matériel: les constructions de la fabrique ont vieilli rapidement; les fidèles ne sont pas plus empressés qu'auparavant à payer pour leur entretien et leur réfection, mais il suffira de curés déterminés, éloquents et habiles pour que soient réalisés des travaux de réfection et de décoration qui feront la gloire de la paroisse, un siècle plus tard. Mais des fidèles mettent le poids de leurs opinions dans la balance, contrecarrent même des décisions officielles, s'aventurent dans des initiatives qui créeront des remous inattendus et entraîneront presque l'excommunication de la paroisse.

Cette période voit aussi disparaître le seigneur Campbell et la seigneuresse, en moins d'une année.

Des réparations majeures

L'église n'a que 28 ans et elle exige déjà des travaux d'une ampleur déconcertante. Il faut crépir les murs de pierre, refaire les couvertures et le clocher, creuser une cave, remplacer la clôture du cimetière, etc. La fabrique ne peut prendre à sa charge toutes ces réparations qu'on appelle à grands cris. Il faut songer à une répartition, mais le curé Soly (1860-1866) croit qu'on peut s'épargner ces frais. Il amène les paroissiens à s'engager à verser à la fabrique la somme requise, selon des montants proportionnés à la valeur de leurs propriétés. C'est ainsi que, devant le notaire T. Pigeon le 1er juillet 1866, Chas E. Letêtu, Moïse Lusignan, Ananie Authier, Isaac Vandandaigue, Félix Martin, Abraham Grégoire, Guillaume Cheval, Chas Ruffier, François Guertin, Évariste Goulet, François Lahaise, Isaïe Soly, Pépin, Elzéar Ducharme et nombre d'autres, c'est-à-dire à peu près tous les habitants de la paroisse, prennent cet engagement envers la fabrique. Messire Soly ne verra pas le dénouement de cette entreprise puisqu'il doit faire ses adieux à Saint-Hilaire le 27 septembre, pour la curée de Saint-Jean-Baptiste.

Cinq années s'écoulent: en 1872, rien n'est encore fait. Les paroissiens sont secoués par d'autres préoccupations.

Le cas du curé Boucher

Charles Boucher, 34 ans, ci-devant curé à Saint-Liboire, est nommé, le 13 septembre 1866, à Saint-Hilaire. Trois ans plus tard, il est remplacé temporairement - pendant six semaines - par David Halde, ordonné en 1863 et fils de Jean-Baptiste et d'Angélique Massé. Sans titre. C'est un fils de la paroisse, le premier en ligne à devenir prêtre. (Saint-Hilaire ne sera jamais comme Saint-Jean-Baptiste, un jardin de vocations religieuses et sacerdotales. En 82 ans, de 1806 à 1888, on compte 28 vocations sacerdotales à Saint-Jean-Baptiste contre 10 seulement, à Saint-Hilaire.)

Le curé Boucher est plus ou moins contesté. En 1870, une rumeur circule: des paroissiens veulent demander un changement de curé. Madame Campbell n'est pas de cet avis. Elle intervient et tout rentre dans l'ordre. Le pasteur Boucher, cependant, ne semble pas tout à fait à l'aise dans ses fonctions et sa conduite lui créera des difficultés réelles.

En 1872, deux ans plus tard, le climat est de plus en plus trouble. Décidément, le curé Boucher est un être spécial: ses attitudes scandaleuses avec les femmes et son honnêteté plus que douteuse engendrent des situations tellement grotesques que des paroissiens adressent à l'évêque une requête longue de sept pages où ils énumèrent leurs griefs et offrent de fournir des preuves et des témoins[2]. Le tout est préparé par un petit groupe de gens influents. Malgré le sérieux des affirmations des signataires et la gravité de la situation, l'évêque tranche la discussion en faveur du curé Boucher qui sort apparemment vainqueur de cette attaque à sa réputation. Les lendemains sont cependant tout autres: il doit céder et demander bientôt son rappel du diocèse, sa situation étant devenue intenable. Il quitte Saint-Hilaire le 3 février 1873.

Le Seigneur Campbell meurt

Une perte bien lourde vient attrister les censitaires de Rouville. Le major Campbell meurt subitement, le 5 août 1872, terrassé par une attaque d'apoplexie. Il a 63 ans. Sa dépouille est transportée sur le vapeur Chambly et il est inhumé avec les siens dans le caveau de famille, à l'église Saint Stephen.

Le grand remous

Lorsque le curé Michel Godard doit quitter sa cure de Saint-Roch pour celle de Saint-Hilaire, en 1873, il ne se doute guère qu'il vivra à l'ombre de la montagne la période la plus turbulente de l'histoire de la paroisse. Il a 46 ans; il a enseigné au séminaire de Saint-Hyacinthe de 1855 à 1869 et il mourra à l'âge de 77 ans, curé de la cathédrale de Saint-Hyacinthe, après plusieurs autres cures.

L'agitation créée par le comportement du curé Boucher est loin d'être terminée. Il y a cependant une certaine trève: le 13 juin, les paroissiens ont la douleur de perdre leur très charitable Dame Henriette Campbell. À la suite d'une longue maladie, elle s'éteint en son manoir, à l'âge de 59 ans, exactement dix mois après son mari. On lui chante un service solennel dans l'église paroissiale et elle est inhumée, le mardi 17 juin, auprès de son unique fille, Laura, sous la chapelle du couvent qu'elle a fait construire pour l'éducation des jeunes filles de la paroisse.

IN
REMEMBRANCE
of our darling little girl
LAURA
**Born 15th Sept.
1850
Died 19th March
1862**

Her little hands laid the FOUNDATION STONE of this Chapel where so soon her body was to rest.

IN
LOVING MEMORY
of our Mother
HENRIETTE JULIE ANNE CAMPBELL Née DUCHESNAY
**Born 19th September
1815
Died 13th June 1873**

Deux plaques commémoratives dans la chapelle du couvent.

Cependant, Mgr Larocque qui loge encore au presbytère d'en face, s'inquiète de la tournure des événements et, dans une première lettre, il tente de persuader les fidèles d'en venir à une paix stable. Il échoue. La discussion concernant le curé Boucher a divisé la paroisse. Deux partis s'affrontent de plus belle: l'un, le Grand Parti, formé de la majorité des fidèles, et l'autre, le Petit Parti, qui réunit une bonne quinzaine des gens les plus influents de la paroisse. L'abbé Desnoyers, dans une de ses notes, explique ainsi la situation: *En 1873, sous le nouveau règne, certains esprits gonflés et pétris d'orgueil entreprenaient de s'introduire partout dans les détails de l'administration des écoles de la paroisse, de la fabrique et du sanctuaire, dans la gestion du traitement du curé que l'on semblait chercher à détruire par la famine.* Le 19 septembre, l'évêque intervient dans une deuxième lettre. Il rappelle aux meneurs leurs torts et leurs erreurs et fustige les coupables, ce qui donne prise à des interprétations regrettables. Il les presse de revenir à de meilleurs sentiments et annonce sa visite pour le dimanche 28. Il se propose d'assister à la messe et, au cours d'une assemblée générale après la messe, de prendre le pouls de la paroisse et de rétablir les faits. Mais il jette ainsi de l'huile sur le feu.

Les interventions de plus en plus fréquentes des laïcs dans les affaires d'église ou de fabrique ne sont pas des faits isolés à cette époque. Elles sont un signe des temps. Elles sont inspirées par des courants d'idées avant-gardistes, alors considérés comme révolutionnaires, et sont l'apanage de notables influents et déterminés.

À Saint-Hilaire, ces notables ont fort mal accepté leur déconvenue, lorsqu'il s'est agi du curé Boucher. Guillaume Cheval est en tête, avec Edesse Tétreau-Ducharme... Ils gagnent, par exemple, que le banc du curé à l'église, dont ce dernier a la jouissance avec sa famille depuis de nombreuses années, soit mis en vente au même titre que les autres. Le banc est vendu en dépit de toutes les protestations. Ils veulent que François Côté et Toussaint Galipeau soient engagés comme chantres à 30$ et 20$ par année, respectivement. Le curé suggère qu'un seul chantre soit engagé à 60$. Le tout dégénère en affrontement, devient un énorme sujet de discorde et déclenche une lutte à finir entre deux partis qui font flèche de tout bois.

Lorsque, le dimanche 19 septembre, le curé lit au prône la lettre de Mgr Larocque, Guillaume Cheval est vivement

La rue Sainte-Anne et le magasin général de M. Cheval.

Guillaume Cheval, marchand, maire de 1864 à 1869.

offensé à cause de certaines remarques. A l'issue de la messe, sur le perron de l'église où les gens se rassemblent spontanément, il s'adresse à l'assistance et fait une sortie virulente contre l'évêque et ses dires. Cheval commence son intervention par les paroles célèbres d'un impie, en disant: *"Qui mange du pape en meurt"*. Sa harangue s'allonge, avec une agressivité non voilée contre l'autorité qui, selon lui, veut fouetter la paroisse. Il affirme qu'il ne se soumettra jamais, tant que l'évêque n'écoutera pas les deux partis en cause et sans qu'il puisse, lui, se faire entendre. Il termine en invitant les fidèles à l'approuver et à le suivre. Le maire Moïse Bessette, à ses côtés, l'approuve ostensiblement. Toute l'assistance est en état de choc. À l'époque, un tel geste était plus que téméraire. Personne ne devait lever même le petit doigt contre l'autorité ecclésiastique.

De son poste, outre Richelieu, Mgr Larocque ressent vivement l'attaque et est consterné du fait que les fidèles sont restés muets à la suite de l'audacieuse sortie de M. Cheval contre sa lettre. Devant un pareil affront à son autorité épiscopale, il révoque sa décision de se rendre à Saint-Hilaire le dimanche suivant, dans l'intention d'y remplir une mission de paix et de conciliation. Dans une troisième lettre, il condamne énergiquement le leader dans la personne de Guillaume Cheval, ses supporteurs et tous ceux qui, par leur silence, ont approuvé son geste. Il ajoute: ... *ce déplorable discours marqué d'un funeste caractère de schisme et d'hérésie et, à raison de son fond et de sa forme et du lieu même où il a été prononcé, est peut-être le plus grand scandale qu'eut jamais eu lieu dans les paroisses de notre pays...*

À la suite de cette lettre, l'évêque laisse s'écouler deux mois pour calmer les esprits. En novembre, il fait annoncer au prône, pour le dimanche 30, sa visite et la reprise des négociations. Ses intentions sont claires: il fera connaître à la paroisse ses exigences sur les problèmes en cause, c'est-à-dire le salaire du curé, le chant liturgique, etc. Une quatrième lettre est lue au prône du dimanche 23, dans laquelle il dicte ses vues et compte sur une assistance nombreuse et avertie.

La visite a lieu sans heurt, semble-t-il, et l'évêque expose ses points de vue. Puisque l'expérience a prouvé que la dîme des grains ne peut assurer au curé une existence honorable, il ordonne que les paroissiens soient tenus de fournir à leur curé le traitement annuel promis, c'est-à-dire

800$, sans quoi ils seront privés de curé; le choeur d'hommes, qui chante au deuxième jubé, doit à l'avenir prendre place au sanctuaire ou devant les autels latéraux, etc. Le conflit semble dénoué: ce n'est qu'en apparence. La paroisse est au bord d'un grand remous qui menacera de l'emporter dans la déchéance de l'excommunication.

En septembre 1873, l'évêque avait exigé des réparations de toute la paroisse pour l'affront du téméraire discours de M. Cheval et de la conspiration du silence des paroissiens. Un an plus tard, rien n'est encore fait. Une cinquième lettre ordonne que:

1. *À dater du premier octobre prochain, la paroisse de Saint-Hilaire pour peine canonique de sa résistance à l'autorité épiscopale, sera privée de curé.*

2. *Cette peine durera aussi longtemps que la paroisse n'aura pas fait d'acte de soumission et qu'elle ne se sera pas conformée aux dispositions des lettres du 24 septembre et du 9 décembre 1873.*

3. *Aussi longtemps que la paroisse demeurera sans curé, le Saint-Sacrement ne sera pas conservé dans l'église.*

4. *L'église continuera à demeurer ouverte, afin que les bonnes âmes y puissent aller prier pour implorer les divines miséricordes.*

5. *La cloche de l'église, en signe de tristesse et de deuil, ne sonnera point aux heures des angélus, ni à l'occasion des baptêmes.*

6. *Les jours de dimanche et fête d'obligation, il sera dit dans l'église à dix heures une messe basse, mais aucun chant n'y sera permis.*

7. *Sur semaine on n'y fera que les funérailles.*

8. *Pour les besoins spirituels, confessions, communions, baptêmes, administration des malades, les fidèles de la paroisse pourront s'adresser aux curés voisins. M. le curé d'office de Beloeil est chargé des fonctions que requièrent la qualité de curé ou de desservant.*

9. *Si quelqu'un ose violer en quoi que ce soit les présentes dispositions une peine plus sévère sera imposée de suite à la personne. (Voir le texte complet à l'annexe H.)*

L'évêque dit regretter d'être obligé d'en venir à cette extrémité devenue inévitable par les défis et les menaces lancés à l'autorité qu'il tient de Jésus-Christ.

La lettre est lue le dimanche suivant et messire Godard est relégué à Richelieu pour quelques mois. Pendant cette absence du curé, une nouvelle police d'assurance qui avait été contractée pour couvrir tous les travaux projetés ne peut être délivrée, tant que le curé n'aura pas réintégré sa résidence.

Une affaire de cloche

Comme pour ajouter au malaise qui a gagné toute la paroisse, le clocher amputé donne à l'église l'image d'un oiseau blessé. L'absence du curé accentue cette impression de désolation. Toute vie paroissiale semble anéantie. Même les ténors de la paroisse se sont tus. C'est le calme avant la tempête. Une personne veille: Guillaume Cheval [3], le coryphée de la place.

Sans consultation préalable, ni avec les autorités locales, ni avec les autorités diocésaines, il commande de Troy, États-Unis, une cloche de 1 042 livres, pour la somme de 477,64$. La nouvelle de l'arrivée de la cloche sur le quai de la gare réveille l'antagonisme engourdi des habitants et des clans se reforment pour de nouveaux affrontements.

Guillaume Cheval défend ses intentions: il se fait le champion d'une parfaite égalité entre les paroissiens - avec une cloche pour tous qui servira les pauvres comme les riches en toute occasion. Il suffit de vendre la vieille petite cloche et d'appliquer le produit de cette vente au paiement de la nouvelle cloche facturée à la fabrique. Guillaume Cheval est marguillier. Lors d'une assemblée, cette sonore question est débattue. Il est résolu de garder la nouvelle cloche, mais le destin de l'ancienne est mis aux voix. Six marguilliers votent pour la conserver et six votent contre. Le curé, par son vote prépondérant, donne raison à ceux qui veulent la garder pour l'usage quotidien et n'utiliser la nouvelle que sur paiement d'un surplus. L'idée d'égalité de Guillaume Cheval est fortement contrariée. La question est soumise à l'approbation de l'autorité et le curé demande à l'évêque d'entériner la décision du 6 septembre.

L'évêque refuse d'intervenir puisque la décision a été prise par une résolution régulière du conseil de fabrique. Il ne souffre pas qu'on la mette en cause. Il n'a qu'un souci: faire disparaître toute division dans cette paroisse. Conclusion: la nouvelle cloche ne sera bénite que lorsque l'ancienne aura été remise à sa place.

Cette ancienne petite cloche, fondue en 1818 à l'atelier T. Mearsoe, à Londres, descendue de son lanternon pour permettre la réfection du clocher et abandonnée sur le perron de l'église en attendant qu'on décide de son destin, va prendre la vedette. Dans la nuit du 18 octobre, on l'enlève subrepticement pour la transporter dans un endroit inconnu. Cette rapine fait déborder la mesure. L'évêque, informé du forfait, menace d'employer les foudres de l'Église contre les coupables si la cloche n'est pas rapportée sur-le-champ. La sentence est rédigée et datée du 29 octobre, mais son auteur attend dix jours avant d'intervenir. Puis il intervient: il voit dans ce geste, non seulement une preuve d'insubordination et de révolte, mais un geste de provocation contre son autorité de la part d'un groupe qui a la prétention de gouverner la paroisse à son gré. Coiffé de nombreux considérants qui décrivent l'audacieuse témérité de ceux qui osent s'attaquer à la paix publique et à la propriété de l'Église, son décret fulmine l'excommunication contre ceux qui ont volé la cloche et leurs complices si, dans six jours, ils ne reconnaissent pas leur faute et ne la réparent convenablement. Il menace de la même peine tous ceux qui connaissent quelque chose du fait et ne le rapportent pas dans les six jours à l'Ordinaire. (Voir ce décret à l'annexe H.) Le décret doit être lu au prône de l'unique messe basse dominicale, le 1er novembre, et une copie doit être affichée dans l'église.

Une pareille menace d'excommunication (pour une question qui ne relève pas de la foi) est pour tout dire inusitée dans notre pays. Elle n'a pas l'effet attendu: quelques-uns s'en moquent, prétendent que l'enlèvement de la cloche n'est pas un vol et que l'excommunication n'aura aucun effet, mais la plupart des paroissiens, plus craintifs, ne le prennent pas ainsi.

La tradition orale veut que, pendant le prône où le vicaire Decelles de Beloeil s'apprêtait à lire le décret d'excommunication, quelqu'un monta discrètement les marches de la chaire pour chuchoter à l'oreille de l'officiant que la cloche, en balade depuis treize jours, vient d'être déposée sur le quai, devant l'église, par le vapeur Chambly, bien empaquetée et avec une inscription suggérant une marchandise très précieuse. L'effet aurait été magique et le vicaire Decelles aurait vite refermé le pli du décret, au grand soulagement de l'assistance. Ils étaient sauvés par le retour de la cloche. Le lendemain, 2 novembre, 200 signataires, dont Guillaume Cheval et Moïse Bessette (19 seulement refusent de signer), déposent une supplique rédigée en quinze points où ils reconnaissent et avouent leurs torts, admettent leurs fautes et promettent inconditionnellement de s'amender. (Voir le texte de cette supplique à l'annexe I.)

Avec le recul des années et ne disposant que de quelques documents officiels, il est difficile de comprendre vraiment tous les aspects de ce grand remous. S'agit-il seulement de la prétention des nouvelles élites et de leur besoin de s'affirmer? S'agit-il de querelles de personnalités ou de clans? Une des causes semble avoir été l'élection d'un marguillier en dehors de l'arrondissement qui devait normalement le fournir, contre tout usage établi, à Saint-Hilaire comme ailleurs. Tous doivent reconnaître que le curé a le dernier mot - et peut-être le premier - pour sanctionner tout ce qui concerne le culte: le choix des marguilliers, des enfants du choeur, du bedeau, etc. Les paroissiens le reconnaissent dans leur supplique. Ils admettent qu'ils ont été téméraires en niant à l'évêque le droit d'ordonner la manière dont doit se faire le chant à l'église, de faire disparaître certains choeurs, etc.

L'évêque se rend à l'évidence qu'un grand pas est fait en faveur de la réconciliation et c'est avec soulagement que le curé Godard réintègre ses quartiers dès le 7 septembre, au son de l'ancienne cloche qu'on a remontée dans le clocher. Pour sa part, la cloche de Monsieur Cheval est sur le perron où elle séjournera quatorze mois. Sa présence rappelle aux paroissiens qu'elle est une intruse et qu'il lui faudra gagner les bonnes grâces de l'évêque. Le successeur de Mgr Larocque, Mgr L.-Z. Moreau, sacré le 16 janvier 1876, y pourvoira dans un effort de conciliation. Une seule cloche, c'était la garantie de l'égalité de tous; l'interdiction de vendre l'ancienne petite cloche risque de raviver les conflits? Pour payer la nouvelle cloche, une souscription volontaire rapporte 200$. Si on établit un tarif pour la sonnerie des deux cloches, ou si la petite est vendue, on pourra rentrer dans les frais d'achat? Seul le temps aplanira ces difficultés.

Le 6 octobre, l'administrateur L.-Z. Moreau, désireux de

mettre un terme à ce malaise, accorde la permission de faire bénir la nouvelle cloche, moyennant certaines conditions. Il écrit:

> L'ancienne cloche sera celle de tous les jours et la nouvelle ne sonnera qu'aux fêtes de première classe, angélus et offices. Un tarif de cinquante cents sera exigé de ceux qui demanderont la sonnerie de la nouvelle cloche aux baptêmes, mariages, etc.

Et avec les recommandations paternalistes du meilleur style épiscopal de l'époque:

> J'ai confiance que vous recevrez cette décision en enfants soumis de l'Église, et convaincus que tout ce qui regarde l'Église est sous le domaine de l'évêque, et que lui seul doit intervenir dans les questions où les fidèles n'ont rien à faire si ce n'est d'obéir et de se soumettre à ce qui a été réglé.
>
> L.-Z. Moreau, ptre administrateur.

Un silence parfait accompagne la lecture de cette lettre-ordonnance. Après la messe, certains groupes réagissent vivement, mais le temps se remet vite au beau fixe.

La nouvelle cloche est enfin bénite. La cérémonie attire une grande foule de paroissiens. Les parrains et marraines sont Joseph Daigle, marchand de Beloeil et député aux Communes et sa femme, Dame Mélina Hertel de Rouville, Victor Robert, cultivateur de Sainte-Angèle de Monnoir et député de Rouville à l'Assemblée législative, Dame Eusèbe Beauchemin, de Saint-Hilaire, Adrien Colette, marchand de Saint-Jean-Baptiste et Dame Émilie Blanchard-Lemonde, de Saint-Jean-Baptiste.

Les deux cloches rivales sonnent à l'unisson pendant un an; les deux sons ne s'harmonisent pas et choquent l'oreille. La dissonance est due à une fissure dans la petite; elle est telle que l'unanimité se fait en faveur de sa vente, ainsi que M. Cheval l'avait proposé deux ans auparavant. Elle sonnera dès lors à la première église de Sainte-Madeleine dont les paroissiens sont à la recherche d'une cloche. Ils paient 15 cts la livre et 30$ pour la nouvelle monture installée en 1873. On croyait que cette cloche pesait 500 livres; elle n'en pèse que 319. Approuvé par l'évêque, le conseil de fabrique vend, pour la somme de 80$, l'ancienne petite cloche qui sera descendue du clocher et livrée en septembre 1875 à sa nouvelle vocation.

Reste le chant des offices qui demeure une cause de tensions jusqu'en février 1876. Cette vieille querelle de chantres, tout à fait disgracieuse, se perpétue et suscite une agressivité croissante. L'évêque intervient et interdit les offices solennels puisque le chant ne peut être assuré. Depuis la fin de 1875, il n'y a qu'une messe basse, les dimanches ainsi que les jours de fête. À la fin de février 1876, le chant est finalement réorganisé au cours d'une assemblée spéciale. Le curé Godard est fort soulagé et s'empresse de commenter l'événement à son évêque: *Tout le monde paraît content, Monsieur Cheval s'est montré conciliant, aimable même. Saint-Hilaire paraît entrer dans une ère nouvelle, ère de paix, ère de rapprochement pour les esprits et les coeurs...*

Les travaux de réfection

Nous sommes en 1878. Les travaux décidés en 1871 ont exigé à ce moment une répartition. Il s'agissait de réparations majeures à tous les édifices curiaux. En 1878, les travaux concernant l'intérieur de l'église et la sacristie restent à faire. Les événements troubles des dernières années ont provoqué un certain embarras financier: les argents de la répartition ne suffisent plus pour terminer les travaux. Il faut, d'une part, reporter à plus tard certains ouvrages contenus dans les devis et, d'autre part, mettre encore une fois à contribution les coffres de la fabrique. Les syndics disposent de 1 440$ et les travaux à achever coûteraient entre 3 000$ et 3 500$, hors les 5 097$ déjà dépensés. L'évêque se fait conciliant et autorise des déboursés par la fabrique, à condition que le curé soit consulté pour tout ce qui regarde les travaux et qu'on n'agisse pas comme on l'a fait dans le passé. Les ouvriers se mettent donc à l'oeuvre dans le cours de l'été et l'on refait tout à neuf: le maître-autel, les allées de la nef, les bancs. (Livre des délibérations, 1878.)

Les bancs et les jubés

Les bancs sont renouvelés, exhaussés et taillés pour

quatre places chacun. Le banc d'oeuvre, ou le banc des marguilliers, avait été placé en 1855 le long du mur, face à la chaire, sous un baldaquin de même style. On fait disparaître ce banc d'oeuvre et l'on ménage une place pour les marguilliers dans une partie du banc seigneurial. Ces bancs d'honneur sont aussi élargis, comme les autres de la nef, pour asseoir quatre personnes.

Le banc seigneurial.

La famille Campbell, depuis son arrivée en 1846, payait comme tout le monde 25 livres pour le banc numéro 15 de la troisième rangée du côté du banc d'oeuvre. En 1850 seulement, on avait transféré aux Campbell les honneurs du banc seigneurial dont avaient joui les membres de la famille Hertel de Rouville depuis l'ouverture de l'église. Le banc sert dorénavant à la famille Campbell, du côté de la grande-allée et aux marguilliers, dans l'allée latérale[4]. On a eu soin, en le modifiant, de lui conserver les mêmes formes architecturales qu'on observe encore aujourd'hui. Le deuxième jubé est terminé; le premier est réparé et on l'allonge pour loger l'orgue et les chantres.

Les bancs de la nef.

Tous ces ouvrages de bois, y compris les vestiaires et les confessionnaux de la sacristie, sont fraîchement peints imitation de chêne blanc. Ce rajeunissement de l'église lui confère une nouvelle lumière et donne aux paroissiens le goût de revivre dans l'harmonie. Le Courrier de Saint-Hyacinthe du 2 février 1879 en fait l'appréciation suivante:

> L'église de Saint-Hilaire a subi des réparations intérieures considérables. Le nouveau maître-autel est très joli. Les dorures et les peintures qui ont été faites dans la nef et autres améliorations font de cette église une des plus riches et des plus élégantes que l'on puisse rencontrer dans les paroisses de même étendue.

Je pense qu'à cette époque de rénovations, on a dû remplacer le petit autel du temps des Oblats. Cet autel fut mis au rancart pendant un siècle, de 1878 à 1975; il sert aujourd'hui d'autel liturgique[5].

Le cimetière

En 1876, l'évêque ordonne, à l'occasion de sa visite pastorale, qu'on cesse d'inhumer dans le cimetière d'alors, devenu inconvenable. En conformité avec cette ordonnance, la partie du cimetière qui a été sécularisée en 1838 est rendue à sa destination première, et le cimetière, tel que pensé aux débuts, reprend tous ses droits. Il s'agit du cimetière situé en arrière de l'église.

Le charnier à la fin du siècle.

Quand, en 1881, on projette de fabriquer une clôture de fer pour entourer plus convenablement ce champ des morts, on pose comme condition que le coût ne dépasse pas 220$. Ce pieux projet ne sera jamais réalisé.

Lorsque, l'année suivante, on sent le besoin d'agrandir le cimetière, même si la croissance de la population est très lente, la fabrique décide d'acheter un terrain de deux arpents de M. Aimé Desautels. Ce terrain sert encore aujourd'hui de cimetière paroissial. Il est enclos et bénit solennellement le 10 mai. La fabrique entretiendra à perpétuité la clôture adjacente à la propriété d'Albert Rochon. C'est un des rares biens de consommation qui soit resté au même prix durant près d'un siècle: dix dollars pour un lot de 10 X 15. Le même lot se vend aujourd'hui 300$, et cela depuis les années 1960.

Comme il est d'usage courant que les fabriques possèdent une *voiture des morts* ou corbillard, celle de Saint-Hilaire fait de même, en 1885, et elle forme une sorte de coopérative non sans originalité: les membres paient 25 cents pour l'usage de ce corbillard tandis que les non-membres paient 2$. Le corbillard de Saint-Hilaire a coûté 128,22$.

L'orgue

En 1882, au temps du curé Boivin, qui avait été directeur du séminaire de Saint-Hyacinthe durant treize ans et dirigera les destinées de Saint-Hilaire pendant huit années, la fabrique décide d'acheter un orgue dont le coût ne doit pas dépasser 600$. L'événement a son importance dans la vie d'une paroisse.

Le curé Boivin sait que l'orgue du séminaire, fabriqué en 1856 par Joseph Casavant, organier, est retrouvé aux ateliers Casavant et Frères, probablement en échange d'un orgue neuf. Il y voit une possibilité à la mesure des moyens de la paroisse. Le 29 septembre 1882, au nom de la fabrique Saint-Hilaire, il signe une convention par laquelle Samuel et Claver Casavant, les fils de Joseph, s'engagent à installer dans l'église de Saint-Hilaire l'orgue du séminaire, le tout devant être terminé le 25 décembre et être à la satisfaction de l'organiste, M. Paul Decelles. La réparation du buffet n'est pas comprise dans le contrat: Félix Martin en complétera l'enjolivement en 1884, pour la somme de 341$.

L'instrument comprend originellement, au grand orgue, neuf jeux de 50 notes, un de 44 notes dont un jeu neuf et deux allongés; au récit, trois jeux de 56 notes, un de 46 et un de 44 notes dont 4 sont neufs. La soufflerie fut électrifiée en 1920, puis l'orgue au complet en 1928, alors qu'on le reconstruisit avec 32 jeux au coût de 7 900$. En 1956, le nettoyage et la mise au point coûteront encore 1 630$. Une autre grande réfection et mise au point date de 1976.

Le buffet de l'orgue actuel. Photo J. Robillard.

La qualité du son, pour un orgue de cet âge, permet de donner des concerts fort goûtés du public dont le plus récent eut lieu en décembre 1982, pour fêter le centenaire de son installation. La Maison Casavant est d'avis que l'orgue de Saint-Hilaire est le plus vieil orgue, encore en service, à porter le nom de Casavant, puisqu'il a été fabriqué par le père, Joseph Casavant, organier, avant même la fondation des célèbres Ateliers. L'orgue de Saint-Hilaire fait partie du patrimoine national et devrait être classé bien culturel.

En plus d'avoir attaché son nom à cette acquisition dont la valeur croît d'année en année, le curé Boivin est le maître d'oeuvre de plusieurs travaux, par exemple, aux bancs et balustres du sanctuaire. Il remplace les fournaises et les tuyaux de l'appareil de chauffage, encore au plancher.

Toujours est-il que les marguilliers remettent à la disposition du curé, en 1882, un banc gratuit. Cette gratuité avait été retirée au curé, en 1873, au cours des événements que l'on sait.

Le presbytère

À partir de 1889, sous le règne de Messire Blanchard, la fabrique opère plusieurs transformations majeures. On sacrifie aussi au goût du jour et à la mode, au nom du renouveau. Messire Blanchard avait 55 ans; Saint-Hilaire était sa quatrième cure. Il y mourra et sera inhumé au séminaire de Saint-Hyacinthe.

Les marguilliers consultent des architectes au sujet du presbytère. Les architectes sont d'avis que les murs ne peuvent pas être réparés de façon convenable et doivent être refaits: *Les murs seront reconstruits avec pierre bossée sur le site des murs actuels en conservant les mêmes dimensions.* D'autres travaux importants sont aussi en vue. La fabrique obtient permission de Mgr Bernard, archidiacre pour le diocèse de Saint-Hyacinthe, permission confirmée par Mgr Moreau, de refaire le presbytère sur ses vieilles assises, construire une maison pour le bedeau et de nouvelles dépendances curiales. (Voir texte du décret à l'annexe J.)

On avait contracté un emprunt de 12 000$ sous le curé Boivin, en attendant la répartition établie au montant de 10 004,94$. Les travaux sont donc engagés: le sieur Toussaint Galipeau, instituteur et marguillier, a la tâche de démolir ou de

Le presbytère tel qu'il fut construit en 1798. Archives publiques du Canada circa 1860.

Le presbytère après sa transformation en 1890. Photo L.P. Martin.

faire démolir le presbytère qui est reconstruit par le maître menuisier selon les plans de l'architecte Gauthier. Le tout coûte 7 500$. Les dimensions imposantes et l'allure du nouvel édifice modifient brusquement le paysage vieux d'un siècle. Des malins répètent que la bâtisse est beaucoup plus élégante que l'ancienne, mais qu'elle ne plaira peut-être pas à tous.

La rue St-Hippolyte. À remarquer à droite, le cimetière derrière l'église et au premier plan la maison du bedeau servant de salle publique. Coll. Musée Mc-Cord.

Jos Auclair est appelé à construire la maison du bedeau, dans l'ancien cimetière, rue Saint-Hippolyte, pour la somme de 745,20$. Cette maison aura toute une histoire: fait unique au Canada, elle servira certes de maison du bedeau, mais aussi de salle publique, d'hôtel de ville, tout en étant toujours la propriété de la fabrique qui l'entretient aussi. Elle a été transportée, en 1967, rue Plante et convertie en résidence privée.

L'église avait reçu en pur don, en 1876, les gravures d'un nouveau chemin de croix (on se souvient que les pères Oblats avaient inauguré la dévotion de la croix en 1842). On avait payé 57,50$ pour les encadrements et Mgr Moreau l'avait inauguré le 18 juin de cette année-là. Qu'en est-il de ce chemin de croix? Messire Blanchard le fait remplacer en 1892...

Jos Magloire Quemeneur-Laflamme, curé.

Messire Laflamme,

le centenaire et la décoration de l'église

Le curé Magloire Quemeneur-Laflamme est nommé à Saint-Hilaire en 1894. Il arrive des Etats-Unis et a soupiré après une cure. Il avait *sa gloire à coeur*, dira plus tard l'abbé Saint-Pierre dans ses notes[6]. Il est doué d'un culte particulier pour les maisons de Dieu, leur embellissement et leur conservation. Il est aussi entreprenant et n'a rien du curé craintif et timoré.

À peine arrivé à Saint-Hilaire, il se met en devoir d'obtenir les autorisations nécessaires pour des travaux de décoration intérieure de l'église. Les travaux qu'il envisage sont considérables. Aussi, une fois la répartition de 1871 acquittée, il lance des souscriptions de tous genres, l'une après l'autre, organise des quêtes, des bazars… sans se lasser.

Ses plans sont bien établis: il projette de fêter ses noces d'argent en 1897, et le centenaire de la paroisse de façon magistrale en 1899. La dîme est anémique: il voit à la faire revivre. Il ne sera pas comme son prédécesseur qui n'a reçu que 686$ sur les 914$ qui lui était alloués! Il convainc le bedeau de faire sa tournée pour percevoir le 25 cents et le quart de blé qui lui sont dus. Il installe une bibliothèque dans la sacristie…

Il rencontre le peintre Ozias Leduc, de retour à la maison paternelle où il construit son atelier: *Correlieu*. Ozias Leduc a acquis une réputation enviable comme peintre et décorateur de plusieurs églises de la province. Le curé Laflamme se lie d'amitié avec le peintre et de cette amitié naîtra un projet grandiose. Nous sommes en 1894.

Avant de songer à des travaux de décoration, il convient de faire un nettoyage général et il faut éliminer les causes de la malpropreté[7]. On se défait donc des appareils de chauffage sur le plancher qui enfument tout l'intérieur avec leurs cendres et leurs immenses tuyaux en décomposition. On les remplace par un système central, avec circulation de la chaleur à la vapeur à basse pression pour l'église, et à l'eau chaude pour la sacristie. On fait en même temps les égouts extérieurs pour assainir le sous-sol et les fondations, avant l'entrée de la fournaise centrale dans ce nouveau local.

Ce branle-bas coïncide avec un deuxième incendie de l'église de Beloeil - l'orgue de Saint-Hilaire se tait ce dimanche-

Ozias Leduc (1864-1955), artiste peintre, décorateur de l'église de Saint-Hilaire.

là en signe de deuil. Les sinistrés de Beloeil traversent à Saint-Hilaire, pour la deuxième fois, pour emprunter les services religieux dans une église en transformation.

Aspect de l'église de Beloeil après l'incendie de 1895.

À Pâques, l'entreprenant curé Laflamme, qui s'est engagé à faire décorer l'église sans que la fabrique ne débourse un sou, recommande les travaux aux prières. Et, prières aidant, les travaux continuent: il fait réparer les portes que l'on refait à deux battants; il fait construire un tambour (ce tambour sera démoli en 1913); il fait couper les escaliers du jubé par des paliers; il convertit pour les paroissiens les bancs du deuxième jubé, alors occupés par les filles du couvent qu'il invite à prendre place sur les premiers bancs portatifs de la grande-allée, où les y rejoignent les autres jeunes filles et, en arrière d'elles, les jeunes garçons.

À la Quasimodo, une forêt d'échafaudages encombre toute l'église: des travaux de dorure et de décoration au pochoir dureront six mois. Les fidèles sont invités à la patience pour supporter ces inconvénients. Sur semaine, le curé dit une messe basse, de grand matin, dans la sacristie et les dimanches et fêtes ne sont pas solennisés.

L'équipe des peintres entourant Leduc au centre. On peut reconnaître entre autres L.P. Martin, Honorius Leduc, Ozias Leduc, Raoul Ducharme, Emery Martin, Dollard Church.

Au prône d'un dimanche de mai, le curé annonce qu'un peintre, fils de la paroisse, a remporté un premier prix. (Sans doute s'agissait-il d'Ozias Leduc.) Les semaines passent et les organisations au profit de l'église se multiplient: pique-niques au parc Otterburn, séance dramatique en septembre, bazars, etc., toujours avec un succès assuré.

En octobre, on retire les échafaudages. Le curé encourage les fidèles et leur annonce que des tableaux du peintre Leduc ajoureront à l'effet des décorations des murs et de la voûte. Il introduit les personnages que représenteront les statues qu'il a commandées et offre aux familles le privilège de payer celle de leur choix. Tous ces travaux, leur dit-il, ont été approuvés par des résolutions du conseil de la fabrique... D'autres dépenses se succèdent à mesure que la caisse se remplit. L'orgue est en réparation; une grande entreprise de lavage des bancs se poursuit, financée par les cinq cents par banc récoltés à l'occasion des quêtes. Le curé Laflamme transmet aux paroissiens les éloges qu'il dit venir de partout à l'endroit de leur église. Les campagnes de souscription rapportent gros. Les paroissiens qui ajouteront des dons personnels sont assurés que leurs noms sont enregistrés avec soin pour servir en temps et lieu: les noms sont déposés dans le tabernacle.

L'activité trépidante se poursuit. En avril, le curé annonce que le jeune Leduc part pour Paris où il fera les tableaux destinés à la décoration de l'église. Dans l'intervalle, on a recours à des corvées pour hausser de gravier le devant de l'église; on commande un nouveau corbillard...

On ne connaîtra jamais les noms des donateurs qui ont contribué aux travaux et au voyage du jeune Leduc en Europe, en 1897, *en pèlerin de l'art...* En février, au lendemain d'une campagne de souscription, le curé Laflamme s'exprime ainsi au prône du dimanche: *Vous aurez compris que je n'ai pas deux mille dollars en main d'aujourd'hui. Je l'ai dépensé au fur et à mesure que l'argent m'était apporté.*

La toilette de l'église fut terminée au coût, très approximatif, de 7 500$, coût qui ne sera jamais vérifié même si un rapport a été déposé au secrétariat de l'évêché. Le curé Laflamme avait le talent de tout embrouiller et de ne jamais faire connaître les coûts réels des travaux. Une chose est certaine: la fabrique comme telle n'a pas déboursé un sou. Le curé a relevé le défi.

L'Assomption de la Vierge, dans l'église de Saint-Hilaire.

Saint-Hilaire de Pothier.

L'adoration des Mages

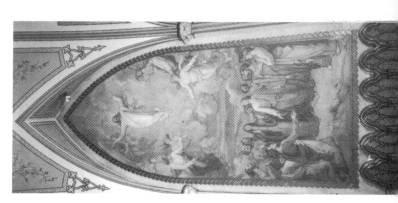

L'Ascension.

153

À son retour, en mai 1898, Leduc se met à l'oeuvre. L'année suivante, l'église présente à ses généreux paroissiens quinze peintures sur toile, marouflées sur plâtre, dont la valeur artistique est inestimable. Les toiles représentent les sept sacrements, les quatre évangélistes, la Nativité et l'Ascension du Christ, l'Assomption de la Vierge et saint Hilaire, le patron de la paroisse. Voisin de saint Hilaire, un médaillon sur plâtre évoque un ange.

En résumé, l'église a retrouvé, avec les nouvelles dépendances curiales, une apparence très enviable. La cloche demande réparation: on ne lésine plus, elle est remplacée par

Aspect de l'intérieur après les travaux de décoration de 1898. Photo L.P. Martin.

une autre de 1 100 livres commandée à Londres et qui sera baptisée *Zéon - Zéphirin - Maxime* et aura pour parrains l'honorable Gédéon Ouimet, Louis-Philippe Brodeur, Ernest Choquette, Louis L'Africain, le maire Joseph Minette, de Saint-Hilaire et le notaire J.R. Brillon, de Beloeil. L'orgue est réparé et on refait la balustrade, du même souffle. L'éclairage à l'acétylène est installé au presbytère et à l'église en décembre, au coût de 200$: la fabrique avance 50$; une quête aura rapporté 42,10$.

Les fêtes du centenaire pourront être célébrées avec grande pompe. Mgr Decelles, de Saint-Hyacinthe, chantera une messe pontificale. C'est le 22 octobre: il pleut ce jour-là. Le terme du curé Laflamme prend fin avec cette apothéose. Avec lui prend aussi fin une période exaltante mais aussi épuisante pour les paroissiens.

Si, en 1965, l'église de Saint-Hilaire est classée monument historique, c'est en grande partie à cause des tableaux d'Ozias Leduc qui en décorent la voûte et les murs. Ces tableaux sont eux-mêmes classés bien culturel depuis le 5 août 1976.

Plaque commémorative sur la façade.

* * *

Il aurait fallu, pour présenter un tableau plus complet de cette période, mentionner l'évolution de la paroisse avec l'ouverture de classes d'écoles, du couvent... Nous pouvons retenir surtout que le noyau social et paroissial s'est raffermi, que la seigneurie connaît une ère de prospérité, grâce aux investissements du nouveau seigneur, que la ferveur des paroissiens semble accompagner la finition de l'intérieur de l'église et diverses améliorations apportées à l'ensemble des bâtiments de la fabrique, que la dîme reste encore un écueil et que les gens s'en acquittent assez mal, qu'une élite est en train de se former et est prête à se faire valoir ou dans de fécondes entreprises ou dans de futiles contestations ou dans des initiatives hasardeuses.

1. PHILIPPE, Sylvain, *LaRocque, Charles,* D.B.C. Vol X, p. 469.
2. Requête des francs-tenanciers exposant les griefs contre le curé Boucher, 12 octobre 1872, *Archives de l'évêché de Saint Hyacinthe.*
3. Guillaume Cheval dit Saint-Jacques, négociant et juge de paix, était le fils de Louis Saint-Jacques, instituteur, et de Rosalie Cherrier, objet de l'historique charivari de Saint-Denis, en 1837. M. Cheval avait été député de Rouville aux Communes et fut maire de Saint-Hilaire de 1864 à 1869. Il fut aussi président de la commission scolaire et devint marguillier en 1876. Il fut aussi président de la Cie de Navigation de Chambly et Montréal, qui fut plus tard achetée par la Cunard Line et dont les navires n'ont plus remonté, par la suite, le Richelieu. Par un curieux hasard, la fille de l'armateur Cunard, Mme Colin Campbell, devint châtelaine à Saint-Hilaire.
4. Le banc des Campbell a été construit aux frais du major T.E. Campbell avec du noyer noir d'Ontario (Testament de Bruce Campbell, 14 janvier 1938).
5. L'abbé Yvon Bonneau a pris l'initiative de restaurer lui-même, avec des jeunes, l'autel qui servait de déversoir depuis près de cent ans.
6. L'abbé Saint-Pierre a été curé à Saint-Jean-Baptiste et a accumulé quantité de notes pour une histoire de cette paroisse et, par ricochet, de la paroisse Saint-Hilaire. Ces notes sont aux Archives du Séminaire de Saint-Hyacinthe.
7. L'emploi du poêle dans les églises date du début du XIXe siècle. Le défaut de surveillance explique le grand nombre d'incendies causés par ce genre d'installation. Ce n'est qu'à la fin du siècle dernier que le système de chauffage central fit son apparition.

CHAPITRE
NEUVIÈME

Nouveau visage[1]

Jusqu'à la fin du XIXe siècle, les Hilairemontais ont vécu en marge de ce monde moderne qui s'affairait dans la métropole. La distance et la pénurie de moyens de transport ne favorisaient pas les échanges. L'agriculture était leur économie, leur paysage, leur cadre et leur mode de vie.

Après l'agitation des années 1879, tout parut rentrer dans le calme. Certes, le rang des Étangs tenta de nouveau, en 1879, de passer à la paroisse voisine: quatre propriétaires furent les instigateurs de ce Xième mouvement d'annexion: Isidore Noiseux, H. Grenier, Benjamin Chevalier et Michel Marcoux. Ce ne fut qu'un soubresaut, leur mieux-être ne justifiait pas le tort qu'ils auraient fait à toute la paroisse par la réduction du nombre de ses fidèles et, par ricochet, le manque à gagner du curé. Les 363 habitants de la montagne souffraient également de leur éloignement de l'église. En 1886, François L. Déry fit, en vain, une demande à l'évêque pour qu'une chapelle, déjà promise, soit bâtie dans la montagne: ses arguments étaient sérieux et bien étayés, mais les montagnards étaient destinés à descendre à la rivière pour leurs besoins spirituels. Tout comme les habitants des Étangs devaient rester fils de Saint-Hilaire pour de nombreuses années.

En 1901, la paroisse comptait 1 128 âmes: 269 chefs de famille vivant dans 214 maisons. Elle était mûre pour une période d'intériorité et de calme, après les tourmentes passées. Elle était aussi armée pour d'autres épreuves, celles-là d'envergure nationale et même mondiale: deux guerres, la grippe espagnole, la crise des années 1930, l'après-guerre; autant de facteurs de transformation de la paroisse et d'objets de réflexion pour les paroissiens.

Ce petit peuple, fidèle à ses traditions, entre à son insu dans un monde en voie d'urbanisation. Le changement se manifeste insensiblement, en même temps que l'avènement de l'automobile et l'émigration de ses fils et filles vers les grands centres. Nationalisé dans les années 1920, le chemin de fer devient plus accessible et favorise aussi l'hémorragie vers la ville; l'automobile prend le cheval de vitesse et les distances cessent d'être des obstacles majeurs.

L'érection d'un monument national sur le Pain de sucre, en 1841, avait en quelque sorte révélé la montagne et sa possible vocation touristique. Cette vocation fut définitivement consacrée par la publicité tapageuse de l'hôtel Iroquois, près du lac Hertel, dans les années 1870 à 1895. Un mari jaloux aurait, dit-on, mis fin à cette entreprise touristique si bien desservie par le chemin de fer; la population de Saint-Hilaire y était du reste assez mal préparée. Le parc Otterburn fut aussi un attrait touristique important pour les vacanciers de la métropole, toujours grâce au chemin de fer.

Si les moyens de transport modernes accélèrent le départ d'un certain surplus de population, ils amènent en retour à Saint-Hilaire toute une bourgeoisie qui s'établit en bordure de la rivière. Ces arrivants de Beloeil, de Montréal et d'ailleurs, sont des professionnels, tous bien nantis et amateurs de villégiature. Leurs résidences cossues donnent une nouvelle image, enrichissent la paroisse à plusieurs points de vue. Cette aristocratie a noms Brodeur, Choquette, Laurendeau, Martineau, Lamontagne, Bousquet, Chaput, Barcelo, Desautels, Dandurand, Desrochers, Dupuis, Ouimet, Langelier, Hudon, Delfosse, Evens, pour ne nommer que ceux-là, qui s'ajoutent à la petite bourgeoisie déjà en place, les Cheval, les Authier, et d'autres. Les nouveaux arrivants - prestigieux - ne tardent pas à se mêler des affaires publiques locales. Leur influence fera naître un arrêt supplémentaire du train au village. *À Saint-Hilaire fleurit alors/une société select qui, par la vie fashionable qu'elle mène, donne le ton en tout... En passant la rivière, ils s'élevaient socialement*, écrit le docteur Gabriel Nadeau[2].

L'infatigable curé Laflamme est remplacé par le curé Urgel Charbonneau, homme maladif, de faible constitution,

Mosaïque des curés résidents de 1831 à 1900. Archives paroissiales.

Gédéon Gaudreau,
curé.

Joseph Barré,
curé.

Ernest Vézina,
curé.

Néré Lévesque,
curé.

Omer Lafleur,
curé.

Louis Forest,
curé.

Alphonse Girard,
curé.

Jean-Paul Boutin,
curé.

Aurèle Beauregard,
curé.

certes moins entreprenant que son prédécesseur. Il voit cependant à ce que soit faite la toiture en métal de la sacristie et du chemin couvert, ainsi que l'évêque le recommandait en 1900. la fabrique fait aussi construire, par Hormidas Germain, de la montagne, un nouveau corbillard qui coûte 357$ et que les paroissiens pourront louer moyennant 5$.

Sous le curé Gédéon Gaudreau (1904-1913), la fabrique se préoccupe du confort des paroissiens: elle construit un perron de ciment, démolit les clôtures vétustes et le portique construit en 1904. En 1913, elle achète d'Ulric Robert un terrain en bordure de la rue Desautels et y fait construire par Azarie Charbonneau une remise pour chevaux et voitures. Le financement est assuré par les usagers qui paieront 15$, en cinq versements, pour une place de remise la vie durant, transmissible de père en fils. Cette remise fut démolie en 1950, à cause de l'usage irrationnel que la jeunesse en faisait et, sans doute aussi, parce que les chevaux ne venaient plus à la messe...

L'intérieur de l'église après la toilette des années 1926-'28.

Le prône du dimanche tient lieu, à cette époque, de journal local... Il n'est pas rare aussi que le curé joue le rôle de conseiller, par exemple, en matière d'hygiène, de civisme et même de politique. Ainsi, lorsque sévit la grippe espagnole à Saint-Hilaire, comme ailleurs, c'est le curé Théodore Barré (1913-1924) qui enseigne les précautions à prendre, l'usage de la chaux et de la formaline pour la désinfection des vêtements contaminés, la quarantaine de toutes les familles atteintes, leur nécessaire abstention de l'école et de l'église, pour éviter la contagion.

Les lustres intérieurs dessinés par Leduc. Photo J. Robillard.

Dans l'euphorie des années 1920, sous le curé Nérée Lévesque (1924-1934), la fabrique entreprend la toilette des murs extérieurs et des toitures du presbytère et de l'église. L'électrification de l'église et du presbytère, déjà commencée en 1921, est complétée au coût de 847$. On confie à Ozias Leduc le dessin des lustres intérieurs.

Entre 1926 et 1928, Ozias Leduc, aidé de Paul-Émile Borduas, de Dollard Church et de J.-B. Allaire, rafraîchit les décorations de l'intérieur. L'entreprise coûte 20 000$ et les paroissiens les souscrivent volontairement. On ajoute à ces travaux l'achat d'une nouvelle cloche et de six statues avec consoles et piédestals - pour meubler le choeur. On négocie avec la Maison Casavant le rajeunissement de l'orgue... Tout se paie facilement: les paroissiens sont enthousiastes et ils sont supportés généreusement par la nouvelle classe de bien nantis.

Sous le curé Ernest Vézina (1924-1942), on décide de fêter le centenaire de l'église. Tout se passe dans l'harmonie la plus complète et on achète, pour l'occasion, encore une nouvelle cloche.

Ère nouvelle (1940 à 1980)

L'après-guerre marque la fin de l'ère moderne. Un regain de prospérité, dû en partie à l'industrialisation précipitée du temps de guerre, à la grandeur du pays, se traduit à Saint-Hilaire par la construction, en 1941, du pont Laurier: du coup, trois bateaux-traversiers sont éliminés, trois passeurs sont à la retraite, mais ce pont déclenche une explosion de la construction domiciliaire qui, en une génération, envahit les pentes de la montagne, ronge les vergers, encercle les montagnards.

Saint-Hilaire, dont le rythme de croissance a été relativement lent depuis 1795, atteint un nouveau sommet. Sa population, qui en cent ans - de 1830 à 1930, n'a augmenté que de quelques centaines d'habitants, double de 1940 à 1960. Il aura fallu deux siècles pour aligner au village, au bord de l'eau, à la montagne, dans ses rangs, ses quelque 9 000 habitants. Autre constatation: le centre vital fut la montagne jusqu'au début des années 1930, alors qu'il bascula de la montagne vers le village. Ces quelques chiffres en sont une démonstration:

	Montagne	Village
1921	802 habitants	522 habitants
1931	901 habitants	680 habitants
1961	1 096 habitants	2 911 habitants

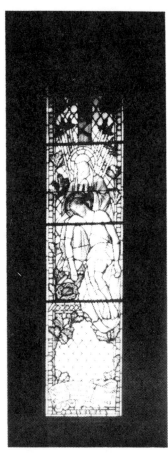

Les deux verrières du choeur ébauchées par Leduc et réalisées par Pellus. Photos J. Robillard.

En 1963, Saint-Hilaire acquiert le statut de ville avec plus de 3 000 habitants et elle atteint 9 200 habitants en 1980. Tout est changé. Dorénavant, bon nombre de fidèles naissent, vivent et meurent hors du cadre paroissial. Le tissu social, de rural qu'il était, est devenu un tissu de banlieue; la paroisse est maintenant un lieu, et de moins en moins un lieu de séjour. Même encore en partie rurale, la paroisse Saint-Hilaire s'apparente, par certains côtés, à une paroisse urbaine.

Dans les années 1950, sous le curé Louis Forest (1948-1965), s'inscrivent des changements d'importance aux biens de la fabrique: outre les travaux d'entretien et des améliorations au cimetière, tels la pose d'une clôture et un agrandissement où les familles sont invitées à s'offrir un pilier gravé à leur nom, l'installation d'un chauffage à l'huile à l'église et la réparation de l'orgue, cette période voit la réfection de la façade de l'église, du sous-sol à la croix. Ce n'est pas tout: à

La façade en cours de réfection en 1951.

l'intérieur, on refait le parquet et la balustrade y passe, remplacée par une autre, sans égard au style de l'ensemble. Les paroissiens protestent et interviennent auprès des autorités diocésaines et civiles. Ces événements ont accéléré le classement des édifices comme monuments historiques, en 1965, sous le curé Alphonse Girard (1965-1968), afin de les protéger contre d'éventuelles modifications arbitraires.

Le curé Jean-Paul Boutin (1968-1979) fut l'un des rares curés à part le curé Blanchard en 1894, à mourir au poste et à être inhumé à Saint-Hilaire. En 1980, sous le curé Aurèle Beauregard, 25e en liste, on fait disparaître la balustrade, en accord avec la liturgie définie par Vatican II, afin de symboliser une plus entière participation de tous les baptisés au Sacrifice. Cette balustrade datait de 1953 et elle avait été contestée: du coup, on faisait donc disparaître une parure moderne incompatible avec le style de l'ensemble.

Les curés de Saint-Hilaire desservaient depuis 1920 une nouvelle mission. Sous le curé Barré, un groupe d'anglophones du quartier d'Otterburn Park, demandent en 1919, permission de construire une chapelle dans leur milieu. L'évêque accède à leur demande et désigne le nouveau temple sous le vocable de Notre-Dame du Bon-Conseil. Cette chapelle sera érigée l'année suivante, au 970 Chemin des Patriotes, avec tous les droits et privilèges.

La nouvelle paroisse sera desservie par les curés successifs de Saint-Hilaire jusqu'en 1958, alors qu'un curé résident est nommé. M. l'abbé Léon Racine depuis 1970 est le quatrième en poste.

Trois nouvelles églises de différentes dénominations religieuses se partagent la population de ce territoire qui prendra le nom d'Otterburn Park en 1961. Elle s'administrera civilement et religieusement détachées de la paroisse mère de Saint-Hilaire.

Sur le territoire original de Saint-Hilaire naîtra une autre confession dans les années 1970 et prendra nom d'église Baptiste Évangéliste.

1. La loi n'autorise pas la consultation des archives privées de moins de 100 ans. Ce chapitre ne sera donc qu'une brève esquisse, à même le livre de délibération de la fabrique et quelques autres sources accessibles.
2. Dans "Le docteur Ernest Choquette et Nelligan", *L'Union médicale du Canada*, p. 2131.

ÉPILOGUE

En 1965, avec le classement de l'église et du presbytère comme partie précieuse de notre patrimoine collectif, des préoccupations de conservation ont gagné la paroisse Saint-Hilaire. Avec la reconnaissance en 1976 des peintures d'Ozias Leduc comme bien culturel, les paroissiens se sont découvert un nouvel intérêt pour l'art sacré du passé.

Le renouveau liturgique qui a suivi Vatican II a modifié le cheminement spirituel des catholiques d'ici. La crise de la pratique religieuse des années 1960 a marqué tous les âges à Saint-Hilaire comme ailleurs. La révolution tranquille a tout remis en question, y compris la Foi. Les habitudes religieuses qui ont enfanté cette église, objet de fierté, sont aussi remises en question. L'église de Saint-Hilaire, monument historique, est vidée de nombre de ses paroissiens. Elle n'est plus le lieu de rassemblement hebdomadaire où tous participaient ou voulaient participer: d'autres lieux attirent les Hilairemontais pour d'autres fins...

Cette mutation que subit Saint-Hilaire, ressemble à celle que vit, à divers degrés, le reste du Québec. Les historiens d'aujourd'hui restent muets devant les évènements qui font l'histoire, histoire que les historiens de demain analyseront, supputeront. Que sera demain?

* * *

Demain est aujourd'hui à l'heure où j'écris ces lignes. En 1983, en pleine époque de prise de conscience des valeurs patrimoniales à la grandeur de la province, s'amorce à Saint-Hilaire le projet caressé depuis une quinzaine d'années, de refaire une grande toilette de l'intérieur de l'église. Nous avons l'occasion encore une fois de constater à quel point la population locale a l'instinct de conservation de son patrimoine.

Bien entendu la Fabrique à elle seule ne peut en supporter tous les frais. Le bâtiment est d'intérêt national, aussi le ministère des Affaires culturelles, en dépit de la crise économique qui perdure, fléchit et accepte d'y engager des fonds. La Fabrique, de son côté, défraie la réfection du système électrique et de l'éclairage.

En avril, le coup d'envoi est donné. Une forêt d'échafaudages s'élève jusqu'au faîte de l'église pour permettre de rafraîchir les décorations ternies par le temps. La tentation est grande de profiter du chantier pour apporter des changements qui modifieront l'architecture, et cela au nom d'une hypothétique sécurité et de besoins liturgiques.

Le projet initial était de rafraîchir les décorations et les dorures. Les peintures de Leduc ne feront pas pour autant partie de l'ensemble des travaux de nettoyage à cause de la haute spécialisation des experts requis pour laver ces toiles. Au moment où je termine ce livre, on ne s'est pas encore concerté sur la formule à utiliser pour la protection des quelque 850 pieds carrés de ces précieuses toiles marouflées de Leduc.

Dès le début des travaux, les paroissiens découvrent que la Fabrique a des projets ambitieux. Ils constatent bientôt que des travaux de rénovation modifient graduellement l'intérieur, que l'on fait disparaître les marches cintrées qui séparent le choeur de la nef, pour les remplacer par des marches rectilignes d'un mur à l'autre et qu'on habille le tout de moquette. On fait disparaître quelques bancs à l'avant. Ainsi au nom de la liturgie et de la sécurité, on transforme graduellement l'intérieur de leur église, sans informer les paroissiens.

Certaines âmes sensibles crient leur indignation devant ce qu'ils qualifient de saccage. Les plus timorés se cachent derrière le curé "rénovateur" et son conseil de Fabrique. Une controverse s'engage entre les deux camps. La Société d'Histoire de Beloeil-Mont-Saint-Hilaire prend position et se trouve justifiée d'intervenir. Forte de l'expérience des années 1950, elle s'élève énergiquement contre cette escalade de travaux propres à aliéner l'élégance artistique léguée par une génération de bourgeois, mais que le conseil de fabrique juge dépassée.

Les marguilliers et le curé désavouent les supposés agitateurs de la Société d'Histoire. Certains vont même jusqu'à craindre que leur intervention n'entraîne un schisme paroissial. Les fabriciens se réfugient derrière la légalité de leur geste.

La conscience paroissiale des années 1872 et de 1950 refait surface. Le président de la Société d'Histoire, Michel Clerk, le Guillaume Cheval des années 1983, manie l'objection avec autorité; c'est l'affrontement public entre les tenants d'une certaine rénovation et ceux d'un programme respectueux de l'histoire inscrite dans l'aménagement intérieur de l'église Saint-Hilaire.

La Fabrique demeure solidement assise sur ses positions. Pendant ce temps les travaux progressent; les fonctionnaires du Ministère des Affaires culturelles n'interrompent en rien l'élan des ''élus du peuple'', en contradiction avec des ententes établies au nom de la protection des monuments historiques.

Cette église sympathique, vieille de 150 ans bientôt, témoin de beaucoup de joies et de discordes, est malheureusement encore à la merci de modes changeantes, et est toujours menacée au nom de certaines conceptions de la liturgie en évolution qui fait trop facilement fi de l'intégrité d'un monument historique. Cet édifice qui est déjà un ensemble de contradictions architecturales depuis le moment de sa conception sans plan d'ensemble, menace à ce rythme de devenir une accumulation d'erreurs fantaisistes et irréparables.

Les proportions que prirent tout le long de l'histoire les désaccords sur les décisions se rapportant à l'église de leur paroisse, démontrent bien la place importante d'un tel édifice comme symbole de regroupement social, dans l'esprit des Hilairemontais, pratiquants ou non. Chacun la veut à son goût et veut ajouter ou retrancher une pierre à sa guise! Elle demeure néanmoins un témoin non négligeable des évènements qui ont fait l'histoire de Saint-Hilaire et le centre névralgique d'une communauté qui s'apprête à fêter, dans quelques années à peine, en 1995, le bicentenaire de la fondation de sa paroisse.

* * *

Nous sommes tout près du XXIe siècle; nous vivons une époque changeante, instable, bien différente de celles que nous avons évoquées en relatant cette histoire de la paroisse Saint-Hilaire. La paroisse n'est plus le principal lieu de prière, de ressourcement spirituel. Différentes formes de spiritualité et de rassemblement sont apparues. Pleine ou vide, en même temps qu'un symbole social, l'église reste pourtant, à Saint-Hilaire plus qu'ailleurs, un signe de Foi et d'Espérance. C'est pourquoi, même ceux qui s'en étaient éloignés, y reviennent pour la Prière et l'Eucharistie. La multiplication des célébrations compensent pour l'augmentation démographique et évitent les tiraillements inévitables d'un dédoublement paroissial.

Cette église subsistera pour l'édification d'une population privilégiée et non pas exclusivement pour les historiens de l'Art et les touristes.

Je dis avec Leduc: *"Arrête ici l'histoire de Saint-Hilaire, histoire d'une petite portion d'une terre perdue dans l'Espace de l'Espace, dans l'infinie de la Durée."*[1]

Mont Saint-Hilaire, le 22 août, 1983.

---

1. LEDUC, Ozias, L'Histoire de Saint-Hilaire, on l'entend, on la voit, dans *Arts et Pensées*, no 18, p. 165, 1954.

LISTE DES ANNEXES

En 1832, trois traversiers unissaient les deux rives entre Beloeil et Saint-Hilaire affirme le géographe Jos. Bouchette.

La terre originale de l'église de Saint-Hilaire

Le terrier seigneurial de Rouville, reconstitué en 1810 par le clerc Louis Benjamin Delagrave (ce dernier sera commissionné notaire le 9 mai 1813) nous donne les titres successifs de la terre sur laquelle l'église actuelle de Saint-Hilaire fut construite en 1837. Ce terrier donne de la même façon les titres de toutes les terres de la seigneurie. La terre de l'église portait alors le numéro 29, ce que révèle le texte suivant que nous vous soumettons à titre d'exemple de relevé officiel de l'administration seigneuriale.

Titres du terrain original du presbytère-chapelle

No original: terre no 29 (devenu 38 puis 54). Trois arpents de front sur 29 arpents de profondeur formant une superficie de 87 arpents.

— Cette terre a été concédée à François Benois dit Livernois en 1740, qui l'a donné à son fils François Benois dit Livernois en 1770. Lequel l'a gardé jusqu'en 1778 et l'a donné à son fils Toussaint Benoit pour sa légitime par acte du 9 août 1778 devant Grisé n.p.

— Le dit Toussaint Benoit a vendu un arpent au nord-est de la dite terre à Charles Et. Letestu par acte privé d'Antoine Foisi du 12 décembre 1779 pour 500 L, en saisiné le 12 juillet 1790. Il y a un verbal de ligne tiré au bout de 29 arpents par Fortin arpenteur du 15 août 1779 pour cet arpent.

— Lequel M. Letestu a vendu cet arpent à M. Noiseux, curé de Beloeil, par acte du 22 mai 1781. Grisé n.p. pour la somme de 500 L.

— Les deux autres arpents ont été vendus à M Wouet (White), négt. à Chambly par le dit Toussaint Benoit dit Livernois pour 1400 L par acte du ... Grisé n.p.

— Lequel M Wouet ayant fait banqueroute elle est tombée entre les mains de M Richard Dobie, syndic des créanciers à Montréal, lequel l'a cédé à M de Rouville, seigneur, le 28 avril 1790.

— Lequel seigneur a vendu les deux arpents sur 29 de profondeur à Antoine Viau dit Lespérance pour 1200 L. par acte du 9 mars 1802. Guay n.p. avec réserve du terrain de l'église de Saint-Hilaire.

Extrait du Terrier de la seigneurie de Rouville, 1810, Benjamin Delagrave.

Titres du terrain original de l'église

''Cette terre a 89 arpents 17 perches et 162 pieds en superficie. Elle a 2 arpents 9 perches de front sur 29 arpents d'un côté et 32 arpents de l'autre.

*— Cette terre a été concédée au Sieur Guil*me *Beaumer par un contrat de concession par Simonet not. du 6 juin 1743 avec 6 L de rente et 2 c de cens et deux journées de corvée une fois paies.*

— Le dit Beaumer l'a vendu à Jacques et Blaise Dufrêne 300 L par acte du 18 juillet 1749. Comparet not. Le contrat perdu.

Les dit Dufrêne l'ont vendu à françois Pépin 400 L par acte du 14 aout 1754. Duvernai not. Le contrat perdu.

— Le dit Pépin l'a vendu à françois Gared dit Beauregard. 1000 L par acte du 18 février 1759. Deguire not. avec réserve d'un arpent de bois dans la cédriere pour en enlever les cèdres.

— M. de Rouville l'a retrait des mains de Beauregard et lui a recédé 1000 L et ses lods qu'il a paié et ensaisiné le 11 mars 1759. Ayant mis les rentes d'un sol par arpent en superficie et 2 c de cens.

— Le dit françois Gared l'a vendu à Nicolas Boisfi 550 L. par acte du 11 février 1769. Mondelet not. en saisine.

— Le dit Boissi étant devenu veuf en 1775 la moitié de la terre au sud-ouest tomba en partage à ses quatre enfants.

— Le dit Boissi a acquit de sa fille angélique et de son mari Jos Croteau sa part indivis 150 L. par billet privé de Mess. Noiseux Curé, du 26 août 1779.

— Le dit Boissi a vendu la moitié de cette terre avec la part qu'il avait acheté à Pierre Bourbeau pour 220 L. par acte du 3 novembre 1780. Mondelet not. en saisiné le 14 avril 1782. Il y a un verbal de bornage par Louis Guion dit Lemoine, arpenteur à françois Pépin du 22 janvier 1755.

— Nicolas Boisfi fils, un des héritiers, a gardé sa part échu, la seconde en allant au sud-ouest, et a acheté de son frère Louis Boisfi sa part voisine de lui au sud-ouest pour 170 L. par acte du 18 août 1783 Letestu not. ensaisiné le 13 nov. 1783.

— Le dit Nicolas Boisfi fils à vendu les 3/4 d'arpens à Alexis Gared dit Beauregard avec réserve de la moitié du front du terrain sur un arpent de haut où est sa maison 150 L. par acte du 2 août 1784 Letestu not. J'ai retrait le dit terrain au contrat de vente et l'ai reconcédé au même Jared après le prix reçu de 168 L. et une rente de 5 L. tournois par acte du 16 août 1784 Letestu not.

— Pierre Bourbeau a vendu à Vadeboncoeur ce qu'il possédait 18 perches 13 pieds pour 1000 L. par acte du 21 août 1784 Letestu not. J'ai retrait le dit terrain au contrat de concession et lui ai reconcédé après le prix reçu de 1083 L. 6c sur le pied, d'un demi minot de bled par 20 arpens en superficie par acte du 21 août 1784 Letestu not. Il y a un verbal de ligne tiré au bout de 32 arpens 1/2 au sud-ouest et 29 arp. de l'autre à Nicolas Boisfi par fortin arpenteur 30 juillet 1779.

— Nicolas Vadeboncoeur a changé sa part acquis des mineurs qui se trouvait la troisième au nord-est pour la seconde qui appartenait à Beauregard avec le dix Beauregard. Ainsi Alexis Beauregard a deux parts ou 3/4 d'arpent contigue. Voisin de Wilmer par acte du 26 octobre 1784. Letestu not. ensaisiné le 9 mai 1785.

pour Beauregard ensaisiné le 11 juin 1785 pour Vadeboncoeur.

— Nicolas Boissi a vendu son emplacement à Vadeboncoeur 500 L. par acte du 26 mars 1786 Letestu not. ensaisiné 28 nov. 1786.

— Gabriel Boissi a vendu à Vadeboncoeur sa part pour 200 L. par acte du 29 juillet 1788 Letestu not. qui forme 2 1/4 arpens de cette terre que Vadeboncoeur possède ensaisiné 9 février 1789.

— Le dit Vadeboncoeur étant mort, sa veuve reste avec la moitié ou un arpent 1/8 de ses 2 1/4 arpens. L'autre moitié ou 1 arpent 1/8 appartient à ses deux enfants.

— Sa fille étant mariée à Charles Mayet il possède sa part en son nom. Son fils Joseph Vadeboncoeur jouit de sa part les 3/4 d'arpent restant de cette terre sont à Jean L'Heureux. La veuve Vadeboncoeur elle jouit d'un emplacement Sur la terre no 30 ci-contre.

(Paléographie de l'auteur.)

ANNEXE B

Arpentage du terrain de la fabrique en 1831

"Il mesure d'abord 1 X 6 arpents, terrain donné par le seigneur (31 janvier 1799), puis adjacent 1/2 par 2 arpents à partir de la rivière jusqu'à la ligne du cimetière, c'est à dire à la rue transversale actuelle (Saint-Hippolyte) ouverte derrière l'église, vendu par Charles Mallet le 5 avril 1825. Cela fait, l'opérateur plante sur le terrain cinq bornes en pierres avec du grey en dessous pour témoin, c'est à dire deux à la profondeur de 6 arpents et deux autres à l'alignement du cimetière, et une autre au chemin du roi. Le tout fait en présence de Joseph Lachapelle et Moise Mayer,porte-chaine."

15 juin 1831
Jos. Weilbrenner

La rue St-Hippolyte vers le cimetière en 1906.

ANNEXE C

Marché entre Augustin Leblanc et les syndics

le 25 janvier 1830

Aux termes des devis et marchés...

L'entrepreneur s'engage à faire et parfaire bien et duement tous les oeuvres de charpenterie, couverture, menuiserie et autres qu'il convient de faire, c'est à dire deux clochers ayant chacun deux lanternes et surmontés de deux coqs doré. De plus une chaire et un banc d'Oeuvre dans l'ordre Composite en bois de cerisier et noyer tendre, les balustres en merisier rouge et la table en noyer. Tous les bancs de la grandeur demandée par les syndics et les doucines sur le dessus en noyer et le prie-Dieu aussi en noyer avec des porte-chapeaux propres dans chaque banc, tous les peintures en imitation de plaine ondée, vernis et numérotés. Peinturer la couverture de l'église et la sacristie en couleur d'ardoise. Le tout livrable la clef à la main.

S'engage encore le dit entrepreneur de fournir tous les bois et autres matériaux nécessaires. Les contribuables ne s'oubliguent qu'à donner 50 journées de corvée à sa demande. A commencer les travaux aussitôt qu'il sera nécessaire à la demande du maçon et à fur et mesure qu'il y aura besoin jusqu'à ce que le dit maçon ait achevé la maçonne, En telle mannière que le tout soit livré fait et parfait dans cinq ans de la date du présent marché.

*Signé: Hertel de Rouville, Ausustin Leblanc,
François Authier cinq croix des syndics,
Th Lemay n.p. et G. Coursolles n.p.*

Rue St-Henri, les rues du village existaient avant 1831.

Rue Ste-Anne une des rues les plus achalandées au début du siècle.

Marché entre Joseph Doyon maître maçon
de Montréal et les syndics   le 9 février 1830

DEVIS

L'église aura 100 X 50 pieds audessus des Retraites, 32 pieds de haut dans les longs pans y compris les fouilles. Le Choeur sera fait à la Récollette (voir note plus bas) et aura 23 X 30 pieds. De chaque côté il y aura des chapelles de 13 1/2 pieds de largeur. Le portail aura 60 pieds de hauteur et sera semblable à celui de Saint-Jean pour supporter deux clochers en imitation de tours. La voûte sera faite à mortier de chaux, coulée avec des poils de Boeuf et plâtre pour les deux premières couches; la troisième couche devant être en plâtre.

MARCHE

Les syndics fourniront à pied d'Oeuvre et à demande, toute la pierre, sable, chaux et bois nécessaire ainsi que les boutins et les étanperches; ils iront chercher la pierre de taille à Montréal et la transporteront sur place; de plus 200 journées d'hommes et 60 journées de harnais.

L'entrepreneur fournira la pierre de taille, plâtre, poils, lattes et clous dont il aura besoin; éteindra la chaux fera le mortier, emploiera tous les ouvriers connus comme bons.

En outre il fournira la pierre angulaire à être bénite, gravera dessus les noms des syndics; elle sera placée dans l'angle du clocher.

Il commencera les fondations le 15 mai 1830 et dans le cours de l'été conduira les murs jusqu'à la hauteur des fenêtres; achèvera la maçonne en juillet 1831 et livrera le tout parachevé en été 1832, à peine de tout dommages.

Les curés et syndics auront l'inspection sur tous les ouvrages.

Fait au Manoir de Rouville l'an 1830, 9 février après-midi.

Ont signé: J.B. Bélanger, Joseph Doyon, Toussaint Ferrier, François Authier, N. Breux, Et. Bertrand, croix de 7 syndics, G. Coursolles et Th. Lemay.

NOTE: L'église à la Récollette comporte une nef unique sans transepts dans ses murs latéraux mais avec cependant deux autels faisant face à l'assistance et placés sur le retour du mur vers le sanctuaire. Elle possède un choeur à chanter placé au-dessus de la sacristie immédiatement à l'arrière du sanctuaire.

CURÉ ODELIN À Mgr PANET

le 6 décembre 1837

Monseigneur,

Dans les circonstances pénibles ou nous nous trouvons, j'aurais désiré de trouver plus tôt une occasion d'informer Votre Grandeur des événements qui ont eu lieu dans les environs. Aujourd'hui peut-être connaissez vous ce dont j'ai à vous dire quelques mots. Je réferre d'abord à votre Grandeur l'affaire dans laquelle M. Blanchet (curé de Saint-Charles) paraît être impliqué. Elle est déplorable pour le clergé, M. Blanchet ayant éprouvé les plus grands désagréments et ayant perdu tout ce qu'il avait. Il est indisposé par suite des tibulations qu'il a éprouvées. S'il a eu quelques torts en semblant favoriser des mesures qui mériteraient quelques reproches, on doit sans doute en attribuer la cause à la crainte qui pouvait l'induire à se prêter aux circonstances. Je n'en donne pas les détails à votre Grandeur parce que je suppose que vous les connaissez.

Je sais que votre Grandeur ne peut facilement mettre ordre aux affaires, vu que le gouvernement est prévenu fortement contre M. Blanchet et contre M. Demers, mais je me flatte qu'elle ne tardera pas à prendre les moyens de pacifier ces paroisses qui souffrent grandement et les nôtres par contre-coup. Néanmoins, pour le moment, les affaires prennent dans ma paroisse une tournure moins alarmante. Il y a eu à Saint-Charles un de mes paroissiens tué, et deux faits prisonniers. La terreur règne partout. Le ciel veuille que la tranquillité reparaisse.

Votre Grandeur voudra bien me pardonner de m'adresser à elle, si l'on devait remarquer dans ma confiance trop de hardiesse. Je n'ose risquer de vous donner beaucoup de renseignements à cause que dans ces temps les faux rapports sont pour ainsi dire à l'ordre du jour. L'on m'a assuré que l'on ignorait où pouvait être M. le curé de Saint-Denis. Je n'ai pas encore vu mon voisin M. Blanchet, parce que la présence des troupes me donne chaque jour une nouvelle mission à remplir. Si votre Grandeur a quelque nouvelle à faire parvenir à l'un ou l'autre de ces deux messieurs, l'exprès qui est le porteur de la présente pourra s'en charger, car il est extrêmement difficile de faire parvenir une lettre sans qu'elle soit interceptée, soit par un parti soit par l'autre. Comme j'ai fait jusqu'ici je ne négligerai rien de ce qui pourra être utile pour protéger qui que ce soit et pour ramener l'ordre public.

J'ose me recommander à la bienveillance de votre Grandeur et à celle de Mgr le coadjuteur,

J'ai l'honneur d'être, Monseigneur, avec le plus profond respect Votre très humble et obéissant serviteur.

ODELIN ptre curé.

Curé Odelin à Mgr Panet

Saint-Hilaire - 23 février - 1835

Monseigneur,

D'après l'avis de Monseigneur de Telmesse, l'année dernière, je me vois forcé aujourd'hui de recourir à Votre Grandeur au sujet des affaires de ma paroisse. Je me trouve, en ce moment, sans logement, pour ainsi dire, pour moi-même. Le presbytère demanderait des réparations considérables; et il m'est impossible de rien obtenir. Mais le plus grave inconvénient que j'éprouve pour le moment, c'est que je n'ai ni écurie ni étable. Je suis réduit à loger mes animaux chez les voisins, la vieille écurie qui existe, tombant absolument en ruine. Je n'ai jamais pu obtenir de mes paroissiens d'enclore le terrain non plus qu'un jardin dont je suis encore privé. Depuis trois ans l'automne dernier j'ai voulu inutilement les engager à me procurer les dépendances qui me sont nécessaires.

Ne voyant plus d'autres ressources qu'en Votre Grandeur, je me suis décidé bien qu'avec peine à la troubler par des plaintes qui sont toujours pénibles. Si j'avais par mes revenus des moyens pour faire à mes frais ce qu'on me refuse, je n'aurais certainement pas pris le parti que je suis obligé de prendre, en recourant à mes supérieurs. Si Votre Grandeur le juge à propos elle fera constater les lieux.

À raison de la négligence qu'on entretient à mon égard, je bâtis une maison pour pouvoir me loger l'hiver prochain. Le besoin indispensable de m'indemniser m'empêche de rien mettre sur le terrain de la

Fabrique. M. de Rouville a bien voulu me favoriser; et c'est la seule personne à laquelle je puisse avoir recours pour m'aider.

Pour mes dépendances il faudra bien que je les fasse moi-même, si la paroisse ne montre pas plus de zèle qu'elle n'en a montré. À l'exception d'un très petit nombre qui se porteraient d'assez bonne grâce, (encore à condition que les autres coopérassent), je ne rencontre que de l'indifférence; la même indifférence qui se marque si fortement par rapport à la dîme de pommes, à laquelle les propriétaires de la montagne s'étaient engagés. La lettre de Mgr Panet jointe à ma lettre de mission que je leur ai lue et rappelée au prône n'a produit aucune impression.

Il est certain que je n'ai pas reçu encore vingt-cinq piastres d'eux tous, en exceptant M. de Rouville qui est le seul avec M. Dumon qui ait payé le vingt-sixième. Je ne désire nullement de laisser le presbytère, ni d'abandonner le soin de ce qui appartient à la paroisse, mais si on persiste à tout me refuser, je me verrai dans le triste position d'être obligé de faire mes dépendances chez moi, et de m'en tirer, comme je le pourrai.

Je crois avoir soumis à votre Grandeur les choses d'après la plus grande exactitude. Elle en jugera comme il lui plaira.

J'ai l'honneur d'être, Monseigneur,
avec les sentiments du plus profond respect
de votre Grandeur,
Le très humble et très obéissant serviteur,

ODELIN ptre curé.

SIEUR DE ROUVILLE À MGR PANET,

le 24 août 1830

Saint-Hilaire de Rouville le 24 aout 1830

Monsieur,

En réponse à l'honneur de la votre reçue hier au soir, laquelle parait avoir été mise à la poste le 21, vue qu'elle n'est pas datée; je vous dirai que cette lettre m'étant parvenue une journée trop tard pour que je pu la communiquer à l'assemblée qui a eu lieu dimanche dernier.

Je prends sur moi d'offrir à Sa grandeur de garantir 400 minots de bled de dixmes par année au curé qui viendra à Saint-Hilaire de Rouville ou de lui payer 5 L. par chaque minot qu'il manquera pour compléter les 400 minots, mais libre si je veux de donner du bled pour compléter le déficit (J'entend être libre de donner du bled ou de l'argent à mon option et si je donne de l'argent je donnerai 5 L par minot que le blé vallant plus ou moins) avec cette restriction que l'évêque de Telmesse (Mgr Lartigue) n'aura point de Tiers à recevoir de cette paroisse, et dans le cas ou la dixme excéderait 400 minots, je veux que le surplus soit à moi car je ne vois rien de plus juste puisque Sa Grandeur veut que je garantisse le déficit.

La paroisse offre de donner la dixme de pommes, si sa Grandeur l'exige et si cela est d'assez de conséquence car elle donnera environs actuellement 250 à 350 minots de pommes et cela ne peut faire qu'augmenter tous les ans par la grande quantité de vergers qui s'établissent.

Je vous dirai franchement que je crains bien fort que l'évêque de Telmesse ne fasse changer Sa Grandeur, il s'en est vanté m'a (mot illisible) dit et celà pour conserver son Tiers et il fera tout en son pouvoir pour réussir. Je vous dit avec vérité, je ne l'aime point et je ne suis pas le seul car il est loin d'être aimable, et j'oserais dire que si Sa Grandeur le connaissait comme nous, il ne l'aimerait peut-être pas plus que nous. Je me méfie de lui, l'intérêt est son principal défaut.

Sa Grandeur aurait bien dû me (mot illisible) celà dans Sa dernière lettre tout serait fini d'une manière ou d'une autre et les habitants qui font tout leurs efforts pour bâtir et qui se privent même du nécessaire, ne seraient pas exposés à être dans l'équilibre et moi je ne serais point exposé à passer pour un homme qui se vante de choses qui ne sont pas, leur ayant donné communication de votre première lettre qui nous promet un curé sans restrictions excepté de faire les réparations nécessaires...

Je vous dirai qu'il y a beaucoup de gens qui ont l'avantage d'avoir un curé résident qui ne vallent pas autant que Saint-Hilaire.

Quant aux menus grains je crois que la dixmes est toujours bien bonne, il ne faut pas qu'une cure fasse la fortune d'un curé, qu'elle lui donne de quoi vivre c'est tout ce qu'il faut. Voilà le curé de Beloeil qui vit très bien et malgré qu'il donne un Tiers à l'évêque il a trouvé les moyens de bâtir un superbe presbytère et d'acheter trois belles terres qu'il a payé comptant et de faire de grandes réparations sur icelles.

Que Sa Grandeur nous envoie un ancien curé qui a quelque chose par lui-même et qui a besoin de repos, vu que la cure est petite et commode à desservir celà fera notre affaire. Je ne doute nullement que si Sa Grandeur a réellement l'intention de nous donner un curé tel qu'il a bien voulu avoir la bonté de promettre qu'il en trouvera bien les moyens et qu'il lèvera bien tous les obstacles qui pourraient se présenter.

Je ne puis pas faire autrement que de vous avouer franchement que la conduite de Sa Grandeur me paraît bien extraordinaire, car les revenus de Saint-Hilaire étaient bien connus au Siège épiscopal bien avant ce temps-ci et même lorsque Sa Grandeur a bien voulu nous faire la promesse qu'il nous a fait que si nous bâtissons il nous donnerait un curé, il aurait vallu qu'il nous eut dit de ne point bâtir car il ne pouvait pas nous donner de curé, la paroisse étant trop faible, que de donner engagement à des dépenses considérables et ensuite retirer sa parole ou pour ainsi dire nous mettre des restrictions presqu'insurmontables. C'est dire en bon français, il est vrai que je vous avais promis telle chose, mais je n'avais pas bien réfléchi en le faisant. Je sais actuellement que j'ai mal fait, on me l'a fait dire et je ne puis remplir cette promesse sans que vous soyiez obligé de faire telle chose en sus de ce que je vous avais dit de faire.

Je crois que c'est l'évêque de Telmesse qui est la cause de ce changement et je ne crois pas m'être trompé en pensant celà. Sa Grandeur n'a pas (mot illisible) ce qu'il a à faire pour moi. Je ne puis pas faire plus sans faire de grand dommages à ma famille. Je crois avoir montré assez de zèle et fait d'assez grands sacrifices pour tacher d'avoir un curé pour mes pauvres censitaires et peut-être trop pour ce que nous en serons récompensés.

Je vous prie de m'honorer d'une réponse soit négative ou affirmative afin que je sache à quoi m'en tenir ainsi que les gens de ma paroisse et je vous prie de me croire avec la plus haute considération et estime,

Votre très humble serviteur,
Hertel de Rouville.

J'ai hâte d'avoir une réponse prochainement afin que nous ne soyions point exposés à faire des grandes dépenses si nous n'aurons pas de curé nous en avons assez faites.

(Paléographie de l'auteur.)

ANNEXE H

Décret d'excommunication

Charles Larocques, évêque de Saint-Hyacinthe

À tous ceux qui les présentes verront, savoir fesant, que vu que dans la nuit de dimanche à lundi, dix huit et dix neuf du présent mois d'octobre, une voie de fait égale à un vol, et même à un vol sacrilège, a été commise sur le perron de l'église de la paroisse de Saint-Hilaire, d'où une personne ou des personnes malintentionnées ont furtivement enlevé pendant les ténèbres de la nuit, la cloche de l'église de cette paroisse solennellement bénite ou consacrée pour les fins du culte religieux, auxquels elle servit depuis longtemps.

Vu que cette cloche n'a pas encore été rapportée et remise en son lieu

Vu que l'enlèvement ou le vol de cette cloche est empreint d'un caractère de malice spécial, parce qu'il ne peut être attribué qu'à un mauvais esprit d'insubordination et de révolte contre l'autorité épiscopale dont nous sommes revêtu, et en vertu de laquelle nous avions réglé et ordonné qu'en conformité à ce qui avait été auparavant résolu en une assemblée régulière de fabrique, cette même cloche serait et devrait être replacée au clocher pour continuer à servir aux fins du culte, nonobstant l'agitation faite à ce sujet dans la paroisse par un parti qui a depuis longtemps la prétention de vouloir mener et gouverner tout à son gré, et qui s'opposait à ce que cette cloche servit davantage dans le culte, et voulait qu'elle fut vendue, sous prétexte qu'une nouvelle cloche avait été achetée et qu'une seule cloche devait être sonnée pour tous les besoins du culte, afin d'éviter par là qu'il y eut en certaines circonstances des distinctions entre les riches et les pauvres.

Vu que c'est notre devoir de punir, autant qu'il est en notre pouvoir, un aussi audacieux et scandaleux attentat contre l'ordre et la paix publique, et contre la propriété de l'église.

Nous avons résolu, après avoir invoqué le secours de Dieu par l'intercession de la Bienheureuse Vierge Marie, des apôtres St-Pierre et St-Paul et de tous les saints, de frapper d'excommunication, en premier lieu, l'auteur ou les auteurs de ce fait criminel et à jamais regrettable, ainsi que leurs complices s'ils en ont eu, et tous ceux qui auraient eu le malheur de leur en confier, conseiller ou commander la perpétration; et nous les avons en conséquence excommuniés et les déclarons par la présente formellement excommuniés, leur accordant néanmoins l'espace de six jours pour leur tenir lieu des trois monitions canoniques, et leur donner le temps de reconnaître leur faute et de la réparer convenablement; et nous avons résolu d'excommunier en second lieu tous ceux et toutes celles qui, sans y prendre part ont eu directement ou indirectement connaissance du fait, si sous un délai de dix jours après la présente monition, les cinq premiers jours qui la suivront et les cinq derniers, devant tenir lieu de seconde et de troisième monition, ils ne se présentent devant Nous ou Notre Vicaire Général pour Nous révéler ce qu'ils savent ou peuvent ou pourront savoir du fait ou de ce qui peut s'y rattacher voulant que, ce délai expiré, ils soient excommuniés, vu que par les présentes nous les avons plus haut excommunié les auteurs du fait et les autres personnes que nous avons désignées et déclarées excommuniées, toujours néanmoins sous la condition ci-dessus exprimée.

Sera notre présent Décret lu en l'église de Saint-Hilaire, au prone de la messe basse qui y tient depuis quelque temps, lieu de messe paroissiale, par le Révérent Messire Jeannotte, desservant de la paroisse, ou par le Révérent Messire Decelles, son vicaire, dimanche prochain, premier novembre et fête de la Toussaint, et copie en sera ensuite affichée en quelqu'endroit apparent à l'intérieur de l'église, afin que tous ceux qu'il concernait en puissent prendre connaissance.

Donné en notre demeure de Beloeil sous notre seing et le contre seing de notre sous-secrétaire, le vingt-neuf octobre de l'an mil-huit-cents-soixante-quatorze.

Charles Évêque de Saint-Hyacinthe
Par mandement du soussigné M. Decelles ptre s. Sec.

La montée des Trente exprime la longueur des terres entre le premier et le second rang, vers 1930 avant l'envahissement domiciliaire d'après-guerre.

Extrait de la supplique des paroissiens

en date du 2 novembre 1874

... Que les paroissiens de Saint-Hilaire reconnaissent aujourd'hui et avouent hautement:

1° Que l'une des causes qui a gravement contribué à troubler la paroisse, a été le fait de ceux qui, contrairement à une défense positive de Sa grandeur, sont intervenus dans une certaine enquête constituée en octobre 1872.

2° Qu'ils ont eu tort de désobéir à l'ordre de garder un profond silence sur le résultat de la dite enquête, que Sa Grandeur leur avait formellement signifié, et que de cette désobéissance sont nées des animosités et la division dans la paroisse.

3° Que le fameux discours prononcé à la porte de l'église, dimanche le 21 septembre 1873, a été un acte anticatholique scandaleux et qu'ils ont commis une grande faute en y prêtant l'oreille.

4° Qu'ils ont eu tort de ne pas vouloir se conformer à l'ordre que Sa Grandeur leur avait donné de vive voix, et par écrit, d'adopter les mesures nécessaires pour assurer au curé de leur paroisse un traitement annuel de $800.

5° Qu'ils ont eu tort de choisir et d'élire, le 21 décembre 1873, un marguillier en dehors de l'arrondissement qui devait le leur fournir cette année là, et ce contre l'usage suivi de tout temps dans la paroisse.

195

6° Que les motifs de s'écarter de cet usage n'étaient ni sage ni pacifiques et que cette élection a été loin de tourner à l'avantage et au bien de la paroisse.

7° Qu'ils reconnaissent, qu'en l'absence de l'évêque, il appartient au curé de régler tout ce qui regarde le culte, le choix des enfants de choeur, des chantres et du bedeau, et qu'en cas de difficulté à ce sujet, c'est à l'évêque de décider et de juger.

8° Qu'ils reconnaissent qu'il y a eu témérité de la part de quelques uns d'entre eux, de nier à l'évêque le droit dont il a usé, d'ordonner sur la mannière dont le chant se ferait à l'avenir aux offices et de faire disparaître un certain choeur de chantres.

9° Que leur digne curé n'a pas toujours été traité avec les égards que les paroissiens doivent à leur pasteur, d'un mérite partout reconnu comme Messire Godard.

10° et 11° Que le fait si odieux, que le fait de l'enlèvement de l'ancienne cloche, est la conséquence directe des façons de parler et d'agir de certaines personnes qui voulaient à tout prix que cette cloche cessa d'être en usage et forcer la fabrique à la vendre malgré l'ordre de la remonter et replacer au clocher donné par Sa Grandeur le 16 septembre 1874.

12° Qu'il a été tenu parmi eux des discours très opposés à l'esprit de foi et de religion, injurieux à l'autorité ecclésiastique, méconnaissant les lois et les droits de l'église et outrageant le respect dû au pasteur des âmes.

13° Que comme chrétiens, ils regrettent sincèrement que le Bon Dieu ait été grandement offensé, en tout et partout ce que compris dans l'exposé ci-dessus, et ils lui en demandent très humblement pardon.

14° Que le châtiment qu'ils subissent en ce moment était plus que juste et mérité, mais vu leur repentir, ils osent espérer que Sa Grandeur aura pitié d'eux, et ne laisse pas longtemps sans un pasteur de leurs âmes, qu'ils s'engagent à traiter avec tout le respect et la soumission due au Représentant de Jésus-Christ.

15° Que c'est pour eux un devoir qu'ils sont prêts à accomplir de se soumettre à tout ce que Sa Grandeur jugera à propos de leur enjoindre soit comme réparation de leurs torts, soit comme condition à remplir pour qu'un curé soit rendu à la paroisse.

Saint-Hilaire le 2 novembre 1874
Suivent 200 signatures

La gare du Grand Trunk vers 1900. Elle fut démolie en 1960.

Otterburn Park commença à se développer dans les années 1920, autour du parc qui portait ce nom.

198

ANNEXE J

Décret dérogatoire concernant le presbytère

et les dépendances

par Mgr Moreau évêque de Saint-Hyacinthe

le 5 avril 1889

1° Pour permettre une réparation durable et convenable du presbytère, on devrait d'abord défaire la couverture, les galeries, les murs de refend jusqu'aux lambourdes, les planchers et toutes les divisions intérieures. On devra ensuite élever les soliveaux de façon à donner environs 12 pieds d'un plancher à l'autre à l'étage principal. Placer seulement deux chassis de chaque côté de la porte d'entrée, cimenter les murs extérieurs et refaire leur partie supérieure pour y placer un toit français.

2° Le dit presbytère aura une couverture en métal, des galeries couvertes aussi en métal sur la façade et le côté est, des portes et des chassis intérieurs et extérieurs, des escaliers et des jalousies.

3° Le dit presbytère ne contiendra que le logement du curé. On devra refouler les murs à l'intérieur, terminer ces murs et divisions par un double enduit, enfin faire toute la menuiserie, les peintures, les planchers et les escaliers nécessaires. On y placera des cabinets, un appareil de chauffage à eau chaude et un safe sur une masse en pierre pour y conserver les documents de la fabrique.

4° On construira en arrière de la cuisine, un tambour en bois d'environs 12 X 12 avec les portes et les chassis nécessaires.

5° Il ne sera procédé à cette réparation qu'après qu'un plan nous aura été présenté et reçu notre approbation.

6° La maison devant servir au bedeau sera placée sur le terrain de la fabrique, borné par la rue du couvent, l'ancien cimetière, le terrain actuellement en usage de M le curé et la propriété de M le notaire J.A. Authier. Comme ce terrain qui doit être mis à l'usage du bedeau a fait partie du cimetière depuis quelques années et contient un certain nombre de cadavres qui y ont été inhumés, MM. les marguilliers en exercice devront, avant le commencement des travaux de construction, se pourvoir des autorisations nécessaires pour procéder à l'exhumation de ces cadavres qu'ils déposeront avec respect dans un autre endroit du cimetière.

7° Cette dite maison du bedeau contiendra aussi des salles publiques pour l'usage des paroissiens. Elle sera construite en bois sur un solage de pierre. On lui donnera les dimensions et on y fera les divisions les plus convenables pour la commodité des paroissiens et du bedeau.

8° Pour mettre les dépendances curiales dans un état convenable, on devra réparer celles qui pourront l'être prudemment et ensuite, on construira un bâtiment d'environs 22 par 28 qui devra servir d'étable et d'écurie...

ANNEXE K

Liste des desservants et curés

DESSERVANTS

Jean-Baptiste Bédard, 1799-1802
Gabriel Elzéar Tachereau, 1802
Michel Herménégilde Vallée, 1802-1808
Pierre Fréchette, 1808-1816
Joseph Onézime Leprohon, 1816
Louis Amable Prévost, 1816-1821
André Toussaint Lagarde, 1821-1824
Jean-Baptiste Bélanger, 1824-1831
Théophile Durocher, 1841... 1844-1845

CURÉS

Jacques Odelin, 1831-1841
Les Pères Oblats, 1841-1843
    Jean-Baptiste Honorat, o.m.i.
    Pierre André Telmon, o.m.i.
    Lucien Antoine Lagier, o.m.i.
Joseph Quévillon, 1843-1844
Timothée Filiatrault, 1845-1848
Joseph Morin, 1848-1852
François-Xavier Caisse, 1852-1854
Octave Monet, 1854-1856

Hilaire Millier, 1856-1860
François-Xavier Isaïe Soly, 1860-1866
Charles Boucher, 1866-1873
Michel Godard, 1873-1881
Théodule Boivin, 1881-1889
Louis Cléophas Blanchard, 1889-1894
Joseph Magloire Quemeneur-Laflamme, 1894-1900
Urgel Charbonneau, 1900-1904
Gédéon Gaudreau, 1904-1913
Joseph T. Barré, 1913-1924
Nérée Lévesque, 1924-1934
Ernest Vézina, 1934-1942
Omer Lafleur, 1942-1948
Louis Forest, 1948-1965
Alphonse Girard, 1965-1968
Jean-Paul Boutin, 1968-1979
Aurèle Beauregard, 1979-

Liste des marguillers
de Saint-Hilaire

1799 Charles L'Heureux
1800 Antoine Authier
1801 Joachim Chaillon
1802 Louis Poirier
1803 Jean Baptiste Rocque
1804 François Demers
1805 Louis Racette
1806 Jean Marie Plamondon
1807 Paul Rémi-Bellefleur
1808 François Leclerc
1809 François Rémi-Bellefleur
1810 Joseph Paré
1811 Gabriel L'Heureux
1812 Jean-Baptiste Mercure
1813 Jos Boissi
1814 Amable Demers
1815 Charles Charbonneau
1816 Jos Marie Plamondon
1817 Louis Plamondon
1818 Frs Boissi, Chas Auclair,
     André Robert
1819 Ambroise Desautels
1820 Antoine Authier
1821 François Leduc
1822 Pierre Vallières
1823 Rémi Bellefleur
1824 Toussaint Charron-Cabana
1825 Jean Vallières
1826 François Letêtu
1827 Jean l'Heureux
1828 Toussaint Côté
1829 Clément Gosselin
1830 Louis Trouillet
1831 Jos Jeannot-Lachapelle
1832 Alexis Blain

1833 François Côté
1834 François Authier
1835 François Leduc, fils
1836 Isidore Authier
1837 Jean Baptiste Voghel
1838 François Boucher
1830 Toussaint Auclair
1840 Pierre Bessette
1841 Jean Marie Gibouleau
1842 François Cadieux
1843 André Robert
1844 Isaac Grenier
1845 Antoine Authier, fils
1846 Jean Baptiste L'Heureux
1847 Pascal Gabouneau-Lapalme
1848 Jos Dubé-Delorme
1849 Ambroise Desautels
1850 Louis Monast
1851 Jos Auclair
1852 Pierre Boissi
1853 Bas Plante, Pierre Germain
1854 Alexis Blain
1855 Édouard L'Heureux
1856 Frs Edesse Tétro-Ducharme
1857 Jean-Baptiste Charbonneau,
     père
1858 Charles Boissi
1859 François Lahaise
1860 Louis Auclair
1861 Auguste Vallières
1862 François Hébert
1863 Chas Et. Letêtu
1864 Maurice Miguet
1865 Gédéon Privé
1866 Jos Auclair

1867 François Côté
1868 François Déry
1869 Pascal Authier
1870 François Authier
1871 Hubert Brouillet
1872 Jean-Baptiste Dufresne
1873 Abraham Demers
1874 Louis Déry
1875 Joseph Desautels
1876 Guillaume Cheval
1877 Vanesse Birs
1878 Euzèbe Beauchemin
1879 Isidore Voghel, Grégoire Auclair,
     François Chagnon

1880 Mathias Roy
1881 Moïse Besset
1882 Jean Baptiste Brillon
1883 Evariste Goulet
1884 André Robert dit Lafontaine
1885 Théoph. Brouillet
1886 Louis Voghel,
     Fulgence Noiseux
1887 Luc Lachapelle
     Isidore Noiseux
1888 Toussaint Galipeau
1889 Louis Hamel
1890 Clément Lespérance
1891 Michel Vincelette
1892 Aimé Robert
1893 Alexis Tremblay
1894 Louis Trouillet-Lajeunesse
1895 Pierre Germain
1896 Nap. Jeannotte-Lachapelle
1897 Israël Messier·
1898 Herménégilde Leduc
1899 Napoléon Larivée
1900 Ludger Côté
1901 Louis Lespérance
1902 Donat Authier
1903 Antoine Leduc
1904 François Renaud
1905 Wilfrid Bernard
1906 Octave Pion
1907 Louis Lamarre
1908 Alexis Blain
1909 Misaël Larivée,
     Stanislas Boucher
1910 Jos Goulet
1911 Ysa Authier
1912 Hercule Chicoine
1913 Azarie Charbonneau
1914 Auguste Charbonneau

1915 Azarie Leduc
1916 Alfred Casty
1917 Michael Griffin
1918 Ephrem Cardinal
1919 Pierre Boissy
1920 Cyprien Larivée
1921 Télesphore Lahaise
1922 Willie Phaneuf
1923 Camille Jeannotte
1924 Alidas Noiseux
1925 Aimé Desautels
1926 Charles Larivée
1927 Emery Martin
1928 Aquilas Cheval
1929 Amédée Benoit,
     Azarie Messier
1930 Zéphyr Authier
1931 Ozias Leduc
1932 Louis Viens
1933 Apolinaire Messier
1934 Silas Voghel
1935 Louis Ducharme, John Lalanne
1936 Jos Amédée Desautels
1937 Joseph Brouillette
1938 Joseph Berger
1939 Omer Millier
1940 Médéric Benoit
1941 Georges Noiseux
1942 Magloire Borduas
1943 Lorenzo Bessette
1944 Charles Auguste Pinsonneault
1945 Jos Auclair
1946 Willie Noiseux
1947 Irénée Cardinal
1948 Elzéar Desautels
1949 Sergius Cardinal
1950 Thomas Lahaise
1951 Arthur Desautels,
     Arsidas Perreault
1952 Henri Rémy
1953 Albert Cardinal
1954 Osias Charbonneau
1955 Victor Renaud
1956 Armand Messier
1957 Guillaume Poudrette
1958 Armand Robert
1959 Jean-Luc Cardinal
1960 Léonard Desautels
1961 Paul Comtois
1962 René Poudrette
1963 Omer Robert
1964 Jean-Noël Petit
1965 Léonard Blain

La Loi des Fabriques sanctionne le 16 avril 1965 une nouvelle loi prévoyant six marguilliers au lieu de trois. Six nouveaux marguilliers sont élus.

1966 Raymond Dupuis
Raymond Saint-Pierre
Eugène Handfield
William Foster
Fernand Archambault
René Morin
1967 Henri Jodoin
Ernest Larivière
1968 Alexandre Tessier
Marcelle Ducharme
1969 Yvon Handfield
Rock Guilmain
1970 Armand Cardinal
Jules Painchaud
1971 Gisèle Bahl
Jules Boucher
1972 René Grenier
Léonide Robert
1973 Fabien Rioux
Nazaire Guertin

1974 Marie Handfield
Serge Baller
1975 Bernard Vincent
Théophane Valiquette
1976 Michel Brunet
Guy Couture
Jean-Louis Lachapelle
1977 Marielle Giroux
Michel Brunet
1978 Donald Ruel
Roger Lebrun
1979 Paul Fréchette
Jeannette Gosselin
1980 Lise Brunet
Gisèle Bahl
1981 Denis Millier
Réal Guilbault
1982 Gisèle Perron
Guy Hennekens
1983 Lise Brunet
Jacques Tremblay

Inventaire des biens de la fabrique en 1800

Un terrain de 1 X 6 arpents à l'usage du curé.
Un calice avec patene et boete (sic).
Un ciboire.
Un crucifix et une croix pour procession.
Quatre corporaux et cinq palles.
Un missel garni de signets et son pulpitre.
Point de rituel appartenant à la fabrique.
Trois chasubles avec étoles et manipules.
Deux étoles pour les vêpres, une blanche et rouge et l'autre blanche et violet.
Un voile pour les saluts.
Un dais, un drap mortuaire.
Deux garnitures de canon d'autel.
Sept images encadrées.
Onze chandeliers de bois incluant le cierge pascal.
Douze chandeliers de cuivre.
Un ensensoir avec navette et réchaud.
Deux aubes, six surplis.

Cf. Archives paroissiales.

ANNEXE N

Tableau de la succession
des évêques

Pour éclairer un peu les méandres de la succession d'évêques qui ont présidé aux destinées de la paroisse, voici l'ordre chronologique des prélats et des diocèses pour la période qui nous concerne.

QUÉBEC: vicariat apostolique, le 3 juin 1658; diocèse le premier octobre 1674; archidiocèse le 12 janvier 1819 et métropole le 12 janvier 1956;

Jean Olivier Briand, 1766 à 1784; Louis-Philippe Mariauchau, 1784 à 1788; Jean-François Hubert, 1788 à 1797; Pierre Denaut, 1797 à 1806; Joseph Octave Plessis, 1806 à 1825; Bernard Claude Panet, 1825 à 1833; Joseph Signay, 1833 à 1850.

MONTRÉAL: évêché le 13 mai 1836; archidiocèse le 8 juin 1886; Jean-Jacques Lartigue, 1836 à 1840 (a résidé à Montréal comme auxiliaire depuis 1821); Ignace Bourget, 1840 à 1876.

SAINT-HYACINTHE: évêché le 8 juin 1852; (suffragant de l'archidiocèse de Sherbrooke, il comprend neuf comtés.)

Jean-Charles Prince, premier évêque, 1852 à 1860; Joseph Larocque, 1860 à 1865; Charles Larocque, 1866 à 1875; Louis Zéphirin Moreau, 1875 à 1901; Maxime Decelles, 1901 à 1905; Alexis Bernard, 1906 à 1923; Fabien-Zoël Decelles, 1924 à 1942; Arthur Douville, 1942 à 1967; Albert Sanschagrin, 1967 à 1979; Louis Langevin, 1979 à...

Index des noms de personnes dans le texte.

212

"F"

"G"

"H"

"J"

215

"T"

"V"

"W"

La cloche ''Arthur'' qui convie toujours les paroissiens de Saint-Hilaire. (photo J. Robillard)

Un pionnier inconnu à la fin du siècle dernier. (Coll. Musée McCord.)